Cet ouvrage a été préparé grâce aux concours du
Centre National du Livre et
du Centre Régional des Lettres de Basse-Normandie.

Il a reçu le soutien du Ministère de la Culture,
Direction régionale des affaires culturelles
de Basse-Normandie.

En couverture :
Prieuré de Vauville © Photo Stanislas Fautré - CDT Manche.
Maurice Denis, *Portrait de Jean Follain.* Huile sur carton, 1942. © Adagp, Paris 2005. Coll. musée des Beaux-Arts de Saint-Lô. Photo Pierre-Yves Le Meur.

Carte de la Manche : Réalisation CDT 50 - 2005 -
Illustration : DGC 02 33 57 19 96

Sur les pas des écrivains

Balade dans la Manche

présentée par
Marie-Odile Laîné

Éditions Alexandrines

Sommaire

La Manche ?
Vous n'en reviendrez pas !

Les poètes, comme les tortues, portent leur maison sur le dos,
et cette maison, c'est le palais des premiers songes,
qu'ils emportent à jamais sur leurs pensées.
J. Barbey d'Aurevilly

À Caen, à Paris, ou ailleurs, les Manchois exilés se flairent, se reconnaissent, se rassemblent... et réussissent à donner le sentiment que le « horsain », finalement, c'est vous, chez vous ! Un comble.

Alors, inévitablement, vous vous interrogez : mais qu'ont-ils de si différent, ces Manchois ?

La Manche, un toponyme qui vous met d'emblée dans le flou en désignant à la fois une mer et une terre, ce n'est ni banal ni anodin. Une excroissance incongrue dans notre presque parfait hexagone, cela signe déjà un désir de singularité. Département marin et terrien, doigt tendu vers l'ailleurs : le grand Tocqueville, dont la pensée rayonne encore outre-Atlantique, en est la brillante illustration. Être de la Manche c'est être, fortement, d'ici, et d'ailleurs. L'Angleterre en frôle les côtes, Granville ouvre sur l'Atlantique, et le Mont-Saint-Michel, au fait, est-il breton ou normand ?

La Manche, on l'aime pour cette spécificité-là. Le val de Saire, la Hague, la baie du Mont-Saint-Michel, les

Le château de Tocqueville où, dès 1832, le penseur s'ensevelit pour travailler à De la Démocratie en Amérique.

marais qui longtemps ont fait du Cotentin une île... : tous ces univers particuliers donnent à qui les traverse la sensation grisante de faire un véritable voyage en très peu d'espace, chacun s'offrant dans toute son authenticité et en même temps gardant ses secrets. À l'image de ses habitants, et de ses grands auteurs.

Qu'ils y soient nés ou qu'ils l'aient adoptée, ceux qui nous parlent de la Manche sont unanimes. « Aimantés, *amantés* », comme dit Michel Besnier.

Aimantés par ce microcosme déroutant... où l'on trouve aussi bien la lande, le bocage, la forêt, les herbages, les havres et les baies, les falaises et les dunes... où les gris, les bleus et les verts, le granit, l'eau et le sable se mêlent, entre minéral et végétal, liquide et solide. Les climats multiples, les pluies différentes, les ciels changeants donnent à cette terre généreuse livrée à la nature encore sauvage, douceur et violence. Comment s'étonner que Jacques Prévert qui jamais n'avait quitté les jardins de l'enfance ait choisi de finir sa vie dans ce pays-là ?

Amantés, les écrivains d'aujourd'hui la célèbrent avec ferveur : Didier Decoin, Loïc Herry, Alain Hervé, Alexis Salatko, autant de déclarations d'amour pour la Manche « brillante et sombre » de leur ancêtre, le grand Barbey d'Aurevilly. Leur passion est la même, trouvant ses fondements dans l'enfance. Chacun à sa manière recrée dans son œuvre, inlassablement, son Cotentin premier, donnant figure aux « spectres » et aux chimères que ce pays nourrit. Dans cette Manche délicate et étrange, le réel touche vite le merveilleux, et la littérature s'appuie à la légende : la dame blanche, les goubelins de Rossel, les milloraines habitent les esprits comme les paysages.

L'histoire elle-même frôle la légende. Là encore la Manche brouille les cartes : ici, les ancêtres Vikings alimentent toujours l'imaginaire, comme l'épopée fabuleuse des Hauteville partis au XIe siècle d'un petit village de la Manche pour fonder un royaume en Italie du Sud et en Sicile, modèle rare de tolérance et d'intégration des cultures. Comme le destin du chouan Destouches, immortalisé par Barbey, ou les ombres errantes, dans la lande de Lessay, des contrebandiers de Jersey et des pâtres sorciers, les « cachous de bête » des foires anciennes.

Des énigmes demeurent : la belle Granvillaise chantée par Fleuret ou Michelet aurait-elle des ancêtres espagnols, voire grecs ? Les sortilèges du Mont-Saint- Michel et de la Baie sont-ils d'ordre physique ou métaphysique ? Personne ici ne cherche de réponse...

Comme le réel et l'imaginaire, le passé et le présent ne s'opposent pas mais s'éclairent. Certes, Gilles de Gouberville, Alfred Rossel, Louis Costel, Jean Follain ou Joseph Quesnel évoquent un monde disparu où les savoir-faire s'ancraient dans une ruralité profondément vécue, mais ils le font sans nostalgie, avec humour et générosité. Leurs textes sont autant d'« arrêts sur image » où l'image en question est lourde de son poids d'humanité et donc intemporelle.

C'est cette même humanité que traque à travers l'histoire Alexis de Tocqueville qui, de son château normand, analyse la démocratie. Gilles Perrault souligne la tradition de modération et de tolérance propre à cette terre, et qui a pour origine, selon lui, les brassages multiples liés à une histoire tourmentée. Tradition d'indépendance foncière aussi, que l'on retrouve de manière significative chez de nombreux auteurs du département. Empruntant leurs propres « caches », ils ne sacrifient pas aux modes, quitte à y perdre en reconnaissance. Barbey d'Aurevilly, Gourmont ou Fleuret sont de ceux-là.

La figure emblématique de ce discret esprit de liberté qui souffle sur la Manche littéraire n'est-elle pas celle des artistes du « Pou qui grimpe », joyeusement iconoclastes, réconciliant la tradition et l'art nouveau, enfants avant l'heure de la décentralisation culturelle, réunissant tous les arts et tous les Coutançais ?

Une terre singulière ne pouvait que produire des auteurs singuliers et en être fière. Nous vous invitons à cheminer sur leurs pas, en boucle, du cœur du pays au « Sud-Manche » et à la pointe du Cotentin, de Sainte-Marie-du-Mont à Valognes, guidés par leurs meilleurs biographes, et, rêve ou réalité, peu importe, à n'en pas revenir… ■

Marie-Odile LAÎNÉ

Gilles Perrault, l'« honnête homme » d'aujourd'hui, enfant adoptif du Cotentin.

SAINTE-MARIE-DU-MONT

GILLES PERRAULT, PASSEUR D'HISTOIRE

C'est un accident de vie qui m'a amené dans ce département : fils d'avocat, bon fils, j'avais accepté, sans conviction, l'idée de succéder à mon père et étais devenu avocat au barreau de Paris. Et puis, j'avais envie d'écrire... J'étais en instance de divorce : à trente ans, j'envoie ma robe d'avocat par-dessus les moulins et je pars. Il me faut changer complètement de vie. J'achète l'indicateur Bertrand et je vois une maison à vendre à Sainte-Marie-du-Mont, dans le Cotentin. Utah Beach... Cela résonne en moi, qui ai passé mon enfance dans cette ambiance de la guerre (dont je ne suis sentimentalement jamais sorti, ce qui m'attire l'ironie de ma femme et de mes enfants !) Tout dans ce village vivait encore à l'heure de la guerre : les rideaux aux fenêtres, les pyjamas des enfants qui étaient encore en toile de parachute. Alors je me suis installé, prêt à écrire, prêt à repartir si mon premier livre ne marchait pas, à revenir à Paris où j'envisageais de devenir chauffeur de taxi...

C'est l'histoire qui m'intéresse et Sainte-Marie-du-Mont est au cœur de l'histoire, de ses méandres. Elle a été fondée par les Vikings : de 900 à la Révolution, c'est la famille Aux Épaules qui règne ici. Le village traverse les tourments de la guerre de Cent Ans, des guerres de religion, de la Révolution, des guerres du XXe siècle. C'est pour faire vivre l'histoire de ce village depuis ses origines que j'ai écrit *Les Gens d'ici*. Je venais de terminer un livre douloureux, *Le Pull-over rouge*, dans lequel j'étais plongé. J'avais envie d'écrire autre chose, je me suis dit « Tu fais des enquêtes, tu vas jusqu'à Marseille et dans le fond, l'enquête que tu mènes depuis vingt ans c'est ici dans ce village. » Par ailleurs, je voulais remercier les gens d'ici, qui nous avaient bien accueillis, bien traités, ces gens d'ici que j'aime beaucoup. En somme, le livre du bonheur après celui du malheur. Je craignais de devoir plier bagage si la population locale avait mal accueilli ce livre, mais au contraire, elle a apprécié ce travail de mémoire, de mise à jour de choses ignorées ou mal connues.

Ma femme déplore le manque de soleil ici, mais j'aime ce « pays bien tempéré de la sage mesure ». La guerre de Cent Ans y a fait des ravages, peste, viols, pillages, les hommes réfugiés dans les forêts comme des bêtes. Cela nous a appris la tolérance, la modération : à Sainte-Marie, contrairement à d'autres villages, on n'a pas brûlé le château à la Révolution. La municipalité l'a fait démolir pierre par pierre et a mis les pierres en adjudication. Beaucoup de maisons du village, dont la mienne, ont été construites avec ce matériau. Pour moi, cette décision municipale illustre la sagesse des gens d'ici : s'il faut détruire le château, symbole haïssable de la féodalité, qu'au moins cela serve à quelque chose !

Quand les Parisiens, sous la Terreur, ont exigé l'envoi des prisonniers, on a retardé tellement le départ des charrettes qu'ils ont échappé à la guillotine. Ici on évite les coups de passion, les coups de chaleur. Les partis extrémistes n'ont jamais beaucoup de voix. Sous Pétain, le sénateur local, très conservateur pourtant, a refusé de lui voter les pleins pouvoirs, à la stupéfaction générale. « Tout

À Sainte-Marie, on n'a pas brûlé le château à la Révolution. La municipalité l'a fait démolir et a mis les pierres en adjudication.

ça m'a paru un peu précipité » a-t-il commenté. Évidemment ce n'est peut-être pas exaltant... Mais le sénateur a eu raison.

Cette tolérance, apprise sous les coups de boutoir de l'histoire, représente pour moi la caractéristique principale et la plus grande vertu des gens d'ici. Mon village a changé vingt-cinq fois de main pendant la guerre de Cent Ans, pour les Français ou pour les Anglais. Même alternance au cours des guerres de religion entre catholiques et protestants. Ce genre de situation vous incite à répondre « P'têt ben qu'oui, p'têt ben qu'non » quand on vous interroge sur votre allégeance. Cela vous apprend aussi à tolérer que les autres pensent ou agissent d'une autre façon que vous. De ce point de vue, le Cotentin m'apparaît comme éminemment civilisé.

Mais, fort heureusement, l'histoire de ce pays ne se résume pas aux guerres. Entre les grandes catastrophes, on travaille, on cultive, on bâtit. C'est tout un art de vivre qui s'est développé ici. À mon arrivée, j'ai été émerveillé par l'harmonie des paysages, les haies taillées au cordeau, la nature organisée comme un jardin pour le plaisir de l'œil. Voyez la beauté des villages, des fermes-manoirs. Rien de spectaculaire, sans doute, aucun tape-à-l'œil, mais une discrétion de bon aloi où il fait bon vivre. Et pour ceux qui aiment les paysages violents, une certaine sauvagerie, nous avons la Hague et les falaises abruptes balayées par le vent.

C'est cela que j'ai essayé d'exprimer dans *Les Gens d'ici*. Ce livre n'est pas exactement le résultat d'une enquête. En vérité, je m'étais imprégné des choses et des êtres comme une éponge, et il m'a suffi de presser l'éponge pour restituer tout ce que j'avais ressenti au fil des décennies. Si ce livre présente quelque intérêt, il le doit à la durée. Un reportage capture quelques clichés qui peuvent être justes mais risquent de rester superficiels. Seul le temps permet d'aller en profondeur.

Telle est ma vie ici, faite de travail assurément, mais aussi de promenades dans les chemins creux qu'on appelle des chasses, de vagabondages à travers les marais. Deux fois par semaine, je cours sur la plage ou sur les petites routes, de plus en plus lentement il est vrai… le calme si nécessaire à l'écriture, je le trouve au sein de cette nature très quiète. Les trois cents kilomètres qui nous séparent de Paris préservent des intrusions fâcheuses. C'est une bonne vie, non ?

Un autre attrait du Cotentin, c'est qu'il fut le vivier de grands écrivains : Gouberville, Tocqueville, Barbey d'Aurevilly, Follain… Le sentiment identitaire est ici très fort. Voyez Barbey d'Aurevilly, qui donnait des leçons de parisianisme aux Parisiens : jusqu'à sa mort, il a gardé la terre grasse du Cotentin collée à la semelle de ses bottes. ■

Propos recueillis par Marie-Odile Laîné

Vieul Aux Épaules*

La tempête dérange les plans les plus minutieux, comme on allait voir en juin 1944 et comme on avait déjà vu sur le même rivage mille ans auparavant. Mais Vieul arrivait-il avec une stratégie bien formée ? Ce n'était pas la manière viking, encore que leur farouche impétuosité n'excluât point le recours à la ruse la plus raffinée.

Toujours est-il que les drakkars furent pris par la tempête à quelques encablures de la plage sur laquelle Vieul avait décidé de jeter sa troupe. Ses barques désemparées et promises au naufrage, le chef viking jura de se faire chrétien si le Ciel lui accordait le salut. Son offre fut acceptée puisque les flots s'apaisèrent. L'actuelle chapelle de la Madeleine, proche de la plage, n'est point celle qu'il aurait fait bâtir pour y recevoir le baptême, mais on relève dans le petit cimetière qui l'entoure les vestiges d'un très antique édifice.

Aucun document sérieux, bien sûr, pour attester la belle anecdote. Une simple tradition orale pieusement recueillie par les chroniqueurs et où l'on peut voir une classique manifestation de l'idéologie dominante, chrétienne en l'occurrence : les païens perdant toute superbe quand le Créateur les met au pied du mur et ne trouvant le salut que dans un ralliement à la vraie foi. Les historiens nous disent cependant que les Vikings épousaient volontiers les religions que la circonstance faisait

* Les titres des textes d'auteurs sont de l'éditeur, hormis ceux des textes de S. E. Ambrose, d'A. Hervé, de J. Prévert, d'A. Salatko, de G.-E. Clancier, de R. de Gourmont et d'A. Rossel.

opportunes. En 845, décimés par une maladie contagieuse, ils tirèrent au sort à quels dieux ils demanderaient secours. Comme l'épidémie persistait et qu'un prisonnier leur suggérait de sacrifier à tout hasard au dieu des chrétiens, ils suivirent son conseil et la chronique rapporte qu'ils s'en trouvèrent bien. [...]

Cette absence de sectarisme n'exclut certes pas la foi, fût-ce en une divinité multiforme exigeant qu'on misât en chaque circonstance sur le bon numéro, mais de nombreux indices conduisent à mettre en doute la sincérité de certaines conversions. Le coup du baptême était très pratiqué. Enveloppés de populations hostiles au terme de raids d'une audace folle, à bout de forces et de vivres, les Vikings éprouvaient souvent la nécessité d'une trêve rendue difficile par le sillage de cadavres et de ruines qu'ils laissaient derrière eux. La conversion à la foi chrétienne était le plus sûr moyen de se concilier les cœurs. [...]

Vieul était appelé Sche Sulken, c'est-à-dire Aux Épaules, parce qu'il les avait très larges. Son chef Rollon avait pour surnom le Marcheur car il était si grand et si lourd qu'aucun cheval ne pouvait le porter. Face à des gaillards nommés Aux Dents, Côtes-de-Fer ou Longue-Épée, les pauvres rois de France ne faisaient pas le poids, qu'on appelait le Simple, le Pieux, le Chauve, le Bègue ou le Fainéant. Cela devait forcément finir par le traité de Saint-Clair-sur-Epte, en 911, selon lequel Charles le Simple, appelé aussi le Sot, donnait la Normandie à Rollon sous condition qu'il se ferait baptiser dans les meilleurs délais. Rollon devait y consentir d'autant plus volontiers qu'une terrible tempête au large de la Flandre l'avait déterminé, comme Vieul Aux Épaules, à jurer de se faire chrétien s'il en réchappait, ce qui ne l'avait pas empêché de piller par la suite monastères et églises, ni d'assassiner les prêtres et de violer les religieuses. Son vœu ne spécifiait pas de date et cette fréquentation des ecclésiastiques lui semblait peut-être de nature à le familiariser avec sa prochaine religion.

Vieul était appelé Aux Épaules, parce qu'il les avait très larges... Face à des gaillards nommés Aux Dents, Côtes-de-Fer ou Longue-Épée, les pauvres rois de France ne faisaient pas le poids, qu'on appelait le Simple, le Chauve, le Bègue ou le Fainéant.

Rollon ayant solennellement accepté le baptême et le duché de Normandie, on lui remontra que le protocole de la cour de France exigeait qu'il baisât le pied du roi en signe d'hommage. Le Viking ne cacha pas que la proposition lui paraissait saugrenue : il n'avait jamais baisé le pied de quiconque ni même fléchi le genou devant un être humain. Comme les évêques français insistaient, il donna l'ordre à l'un de ses hommes d'embrasser le pied royal à sa place. Le Viking s'inclina pour attraper la cheville du Simple mais se redressa aussitôt de toute sa taille et hissa le pied jusqu'à sa bouche, ce qui eut pour conséquence de faire tomber le roi à la renverse. « Alors il s'éleva, écrit le chroniqueur, de grands éclats de rire et un grand tumulte dans le petit peuple. » Le protocole restait bon enfant, encore qu'on ne nous décrive pas la tête des évêques. « Ces choses étant noblement terminées, conclut avec sobriété la chronique, le roi retourna joyeusement dans ses terres » et Rollon, premier duc de Normandie, distribua les siennes à tous ses compagnons.

C'est ainsi que Vieul Aux Épaules devint, par le sang et par l'eau bénite, notre seigneur et maître.

Il existe encore, tout près de chez nous, un Aux Épaules issu d'une branche cadette. Sa stature est modeste et il est comptable. L'un de nos maires, mort depuis peu, portait le nom viking d'Ingouf et nombreux sont les patronymes ou toponymes venus avec les drakkars danois (car Vieul était danois comme Rollon et toute la bande). Nous avons un Ledanois qui fait volontiers le taxi, perpétuant au milieu d'une population sédentarisée les habitudes vagabondes de ses probables ancêtres. Un autre Ledanois vient de reprendre le café de la plage où atterrirent les drakkars. Si l'on admet d'autre part que l'urne électorale s'est idéologiquement substituée aux fonts baptismaux, on peut faire descendre de l'accommodante disponibilité religieuse des Vikings le fait que la commune a toujours voté pour le pouvoir en place, quel qu'il fût. […]

« Race pillarde et conservatrice » ? Le raccourci est rapide et les Vikings sont mieux connus aujourd'hui qu'au temps de Barbey. Ils étaient passionnés pour la liberté, l'ordre et la tolérance. Des rois, des chefs, mais presque toujours élus et révoqués quand ils faillissaient. Le premier parlement des temps modernes est l'Althing islandais, créé en 930 : « Ils n'ont pas de roi, seulement la loi. » Des classes sociales, mais la qualité d'homme libre primait tout. Des serfs, mais les captifs pouvaient racheter leur liberté – aussi bien la Normandie abolira-t-elle le servage avant le reste de la France. L'égalité entre l'homme et la femme. Un individualisme radical : le Normand, l'homme du Nord, est « sire de sei », maître chez lui. L'esprit de tolérance se déduit de l'individualisme. La propriété privée est sacrée. Tout volé a droit à une indemnité égale au double de sa perte. Le voleur est pendu, souvent entre deux loups. Rollon, premier duc de Normandie, interdit aux laboureurs de rentrer leur charrue le soir : ils doivent la laisser au champ pour marquer leur confiance dans la loi. Lui-même accrocha trois anneaux d'or à un chêne de la forêt de Roumare et les y retrouva trois ans plus tard : personne n'avait osé y toucher.

Ce sont de vieilles histoires ? Nous sommes un très vieux pays dont les hommes ne changent guère. Les savants sont formels : au nord d'une ligne coupant la presqu'île à la hauteur de Carentan, vit une population où l'imprégnation scandinave demeure d'une stupéfiante évidence. Patronymes et toponymes l'attestent. Les mensurations crâniennes le confirment, même si nous n'allons pas crier sur les toits que nous sommes des dolichocéphales blonds, ce qui ne donne pas bon genre (le racisme imbécile et sanglant fait qu'on n'ose plus se réjouir de la diversité des hommes ni les aimer à voix haute pour leurs différences. Il y a de l'autre côté du Cotentin un bourg peuplé de Normands courtauds, noir-piaux, soupe au lait, d'une pugnacité redoutable – quand on va jouer au football contre eux, ne pas oublier les protège-tibias. Ils descendent, à ce qu'on dit, de l'équipage d'un bâtiment de l'Invincible Armada jeté à la côte par la tempête et dont les survivants auraient fait souche dans le canton. Cette fleur espagnole piquée dans notre bouquet n'ajoute-t-elle pas à son charme ?).

L'histoire est moins équivoque et plus éloquente que l'indice céphalique : elle ressasse, siècle après siècle, notre passion pour l'ordre, notre réticence pour l'émotion qui dérange, notre dégoût du démagogue, mais aussi la volonté têtue de rester « sire de sei ».

Gilles PERRAULT, *Les Gens d'ici*

Jean Follain par Maurice Denis (1942).
D'où vient que ses énoncés de huit à douze lignes inégales sans rimes exercent une fascination ?

JEAN FOLLAIN OU LA VÉRITÉ TOUTE SIMPLE,

par Jacques RÉDA*

Jean Follain a principalement écrit sur son enfance normande deux livres dont l'un évoque son village natal, Canisy, et l'autre, le chef-lieu même, tout proche, de son département de la Manche : Saint-Lô[1]. Mais c'est à Paris qu'il a consacré le premier de ses ouvrages dont on puisse dire qu'il traite d'un sujet bien déterminé[2]. C'est que, dès sa jeunesse, Follain avait rêvé de la capitale où, lui qui aurait pu faire, d'après des apparences, un très honorable tabellion (il fut un avocat trop insoucieux de ses honoraires, puis un débonnaire magistrat), l'attiraient impétueusement les prestiges de la vie d'artiste. Or il ne s'agit pas d'insinuer qu'il y sacrifia le souvenir de sa petite patrie. En vérité, et ses *Agendas*[3] en témoignent, il y mena l'honnête existence qu'un écrivain pouvait attendre d'une ville qui restait, en ces années 1930, la « capitale des Lettres » que saluait alors Cingria. Leur rencontre, dans ce tourbillon à divers étages et plusieurs vitesses, n'a rien de surprenant. Ils étaient faits pour s'entendre sur quelques grands principes, dont celui-ci « qu'il n'y a pas de civet sans sang ». C'était dans un restaurant de la rue des Canettes où, de sa place des Vosges, Follain se rendait à coup sûr à pied, prenant son temps pour administrer, avec le soin

1. *Canisy* (1942), *Chef-lieu* (1950), repris en un volume : *Canisy suivi de Chef-lieu*, Gallimard, 1986. 2. *Paris* (1935), réédité en 1978 par Phébus. 3. Seghers, 1993.

* *La table des biographes se trouve en page 257.*

qu'on apporte à la composition d'un poème, une flânerie qu'il aima assez pour en mourir, une nuit, près de la place de la Concorde. Dans ce quartier, il venait de participer précisément à un banquet de notaires, car tout ce qui ressortissait à quelque vénérable cérémonial corporatif, voire ecclésiastique le séduisait profondément. Il s'en amusait peut-être (plusieurs fois il m'a demandé comment se procurer le journal *Le Porc*, organe de la Charcuterie française), mais c'était encore une façon de se rapatrier dans un temps d'avant la Grande Guerre, et à ses fastes provinciaux. Ayant rêvé de Paris dans son enfance bas-normande, doit-on penser que ce Parisien accompli fut un nostalgique de sa campagne ? Nullement. Une fois pour toutes, elle avait pris en lui une sorte de réalité intemporelle et pour ainsi dire universelle où il n'a cessé de puiser. Et peut-être est-ce là ce qui déconcerte, dépayse tant de lecteurs qu'on voit à leur aise avec les plus houleuses draperies du lyrisme et les haillons sarcastiques ou hautains qui parfois en tiennent lieu. Les poèmes de Follain sont brefs et leurs vers brefs dépourvus non seulement de rhétorique mais des charmes qu'y apportent une prosodie sensuelle ou éthérée, et la métaphore devenue presque de rigueur depuis les comparaisons majestueuses d'Hugo et l'*image* surréaliste visant aux éblouissements du court-circuit.

D'où vient pourtant que ces énoncés de huit à douze lignes inégales sans rimes exercent une fascination ? Comme si quelqu'un de connaissance qu'on croise dans la campagne, mais qui se tient de l'autre côté de la haie, vous entretenait un instant d'un détail tout à fait ordinaire de la vie où il y a des objets de toute sorte

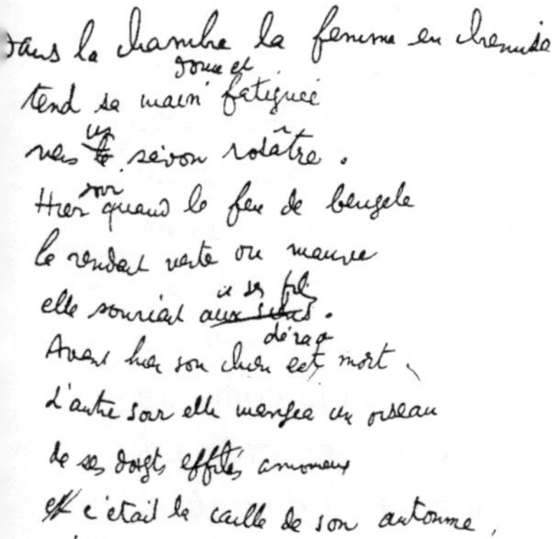

Jean Follain, le paysan normand... à la matoise, probe et grande poésie.

(des mappemondes, des bols ébréchés), des moments qui on ne sait pourquoi se suspendent (une fille en corset devant sa glace, la photo d'un soldat dans un album, deux autres personnages au bord d'une prairie), tandis que le soleil qui se couche dans la brume vous rappelle celui qui s'est levé à Austerlitz et que la chute d'une pomme obéit à la même loi de la gravitation que les planètes. Follain n'a pas voulu se doter d'un autre système de poids et mesures que celui de son enfance peuplée de cultivateurs, d'instituteurs, de colporteurs et de forgerons. Il a réduit l'attirail littéraire à un outillage de village où l'œil calcule sans faute, où la main exécute avec une infime marge humaine d'erreur : ça tient ensemble. Et ça n'empêche pas l'œil d'accrocher le passage d'un jupon, l'amorce d'une éclipse ; la main de trembler un peu quand l'âme se rappelle tel propos d'un passant, telle gravure d'un vieux livre d'histoire, ou qu'elle sent bouger en elle l'ombre d'un remords ou d'une ambition. L'art de Follain ne se manifeste pas avec éclat dans la simplicité de ses lignes. Il n'en a fait des « vers » que pour mieux peser et mesurer ce qui ne se dévoile que dans leur entre-deux. Plus qu'il n'expose, il appose des segments dont l'autonomie est devenue peu à peu de plus en plus manifeste, si on la compare à l'enchaînement logique présent dans ses premiers poèmes encore proches du « tableau » ou d'un récit. Mais c'est une autre logique, et moins éloignée qu'on ne croirait de celle de ses contemporains plus ouvertement hardis, qui lui fait rapprocher comme Reverdy des « réalités éloignées ». Et de cette confrontation, où de part et d'autre ne figurent que des situations modestes, des gestes humbles et des objets finis, naît une

On voit

Par le monde on voit
chambres rouges
avenues à flambeaux
femmes aux orteils posés
sur des terres chaudes
invitations à mourir
faites la nuit comme le jour
parfois près de l'usine atomique
des glaneuses penchées jusqu'au soir.

Jean FOLLAIN
Espaces d'instants

impression pénétrante de solennité ou de tragique. C'est en quoi, il me semble, Follain est resté de fond un paysan normand. Il convient de dire, mais de dire avec économie et précision. Et, de l'autre côté de la haie, le compère, qui use du même système prudent de mesures et poids, entend fort bien aussi ce qui se dit de subtil entre chaque phrase sans éloquence dans l'air un peu sourd. Dans l'intervalle, le vent fait chuchoter la haie, un rayon de soleil la traverse fugitivement. Ainsi procède peut-être souvent ce qu'on appelle « la poésie », et toujours en tout cas la matoise, probe et grande poésie de Follain. ■

Ma grand-mère maternelle, la veuve du notaire, avait une grande amitié pour mon grand-père, l'instituteur. Elle l'appelait « le père », lui l'appelait « madame ». Elle l'emmenait avec elle à ses fermes et notamment quand elle partait à pied pour celle du Mesnil Amey.

Il leur fallait suivre pour une bonne heure la route nationale. Sur une partie de son parcours, cette grand-route était rouge puis, sa contexture géologique changeant, elle devenait d'un bleu noir. Entre ces deux zones en était une intermédiaire et violacée. Tout le long du parcours s'alignaient des haies avec la seule distraction d'un hameau et d'une forge éteinte offrant sa gorge noire.

Mon grand-père, tenant une canne à crosse de corne, partait avec l'allure du pionnier, il se fatiguait vite et s'épongeait bientôt de son mouchoir rouge comme les coquelicots et à pois noirs comme leur cœur. « Je n'en peux plus, madame », disait-il. « On arrive, le père », répondait ma grand-mère et, dans cette assurance, il redonnait alors du poids à sa marche. […]

Avec ma grand-mère paternelle, il arrivait que nous allions à l'herbe aux lapins, soit jusqu'à la grande route, soit jusque dans le parc du château où la verdure poussait luxuriante. Elle recueillait avec une attention toute spéciale les pissenlits qu'elle coupait au pied avec un vieux couteau rouillé. Elle négligeait bien d'autres plantes dont je lui demandais le nom, nom qu'elle connaissait, en laissant pourtant vivre tiges et fleurs dans leur indolence terrestre.

Nous rencontrions ces gens seuls, enveloppés dans leur pensée et que recèlent les chemins de campagne. Ils la saluaient, elle leur répondait toujours en les appelant de leur prénom. De tous, hommes et femmes, elle connaissait les prénoms. Mon frère et moi, quand nous la suivions aux herbes et que nous apercevions de loin quelqu'un, nous nous demandions quel serait donc le prénom qu'un bonjour rituel allait immanquablement révéler. Nous entendions bientôt un « bonjour Louis », ou « bonjour Ernest », ou « bonjour Alphonse », ou « bonjour Amélie », énoncé d'un ton égal et qui se suffisait. [...]

Mais il se faisait aussi que sur notre chemin passât un étranger. Ce pouvait être seulement un paysan d'une commune voisine, un qui gardait la tournure du pays et dont la blouse noire flottait un peu au vent. Il saluait sans donner de nom, ma grand-mère paternelle lui répondait d'un signe et le suivait quelque temps du regard, disant : « Je ne sais pas qui est cet homme-là. » Puis, un coup de tonnerre lointain nous ôtait parfois la quiétude. [...]

De la grande maison l'on pouvait aller jusqu'à la Vannerie en traversant les prés. Là les enfants jouaient à même la poussière fanée. La Vannerie où éclatait le rouge des géraniums reposait au soleil. Ses huit ou dix feux avaient chacun son jardin. Ce village laissait à l'âme une irisation, un fondu particulier et l'idée de la fraîcheur de la rose alliée à celle de la sécheresse végétale. Agglomération engourdie, aux hangars brûlants en août, à la pierre assoupie, aux rumeurs venant de la conversation des lavandières, elle répondait au mieux à la définition du hameau. Ses argiles, ses pailles, ses briques, ses ardoises et le plomb bleuâtre de ses gouttières y composaient de franche façon avec les cieux à peine mouvants, le choc léger des outils, l'amour rural et le remords. [...]

Autrefois les Parnassiens venaient à Canisy l'été, reçus par l'éditeur Alphonse Lemerre. Le beau-frère de ce dernier, vieillard à favoris, qui habitait au bourg, avait dans sa chambre une assez grande quantité de livres dédicacés d'auteurs célèbres. Quand il fut sur sa fin, ce fut, en dernier, une petite noiraude qui vint pour le soigner. Elle décréta que parmi ces livres la plupart étaient de ces mauvais que l'Église condamnait et qu'il fallait les brûler. On les entassa dans un four chargé de bois et, par un après-midi de juillet, on brûla donc ceux qu'elle décréta « mauvais poètes » ou « mauvais romanciers ». Le tri avait été fait de ses mains nerveuses. Le jardin envoyait de profonds parfums. Les champs étaient dans leur gloire. On ne retrouva rien du peu d'or qui brillait sur la tranche de ces ouvrages qui portaient sur leur page de titre la vignette de l'homme nu qui bêche avec la devise : « *Fac et spera.* » Fais et espère.

Jean Follain et ses parents devant la maison de Chef-lieu *à Saint-Lô, rue de la Marne, vers 1905.*

Le sentiment d'une solitude déchirante et d'une certaine incommunicabilité du monde était parfois donné par la vue d'une brouette vide encore chaude de la fumure transportée. Le jardinier s'en était allé boire : il se pouvait qu'il ne revînt jamais. Je me disais que je lui avais quelquefois parlé. À bien réfléchir, il se pouvait que je lui aie dit cent mots.

Les oiseaux passaient à tire-d'aile, les horloges sonnaient et les ombres s'allongeaient sur le sol blanc.

Le jardinier n'était pas mort, il n'avait eu qu'une attaque. Il ne parlerait plus et resterait sur un banc devant sa porte et des mouches en pleine vie marcheraient dans ses mains sur lesquelles tremblerait l'ombre dentelée des feuilles pacifiques. [...]

La journée pouvait être traversée d'un orage, des derniers frissons d'une bête tuée pour le repas ou d'une odeur d'herbe brûlée.

Des gens restaient assis les bras croisés, regardant changer les couleurs et voler les oiseaux.

Un homme passait qui parlait puis : « Sur ce je m'en vas », disait-il. Alors il quittait le champ du regard. Il allait parler à la fenêtre d'une autre maison, franchissant un morceau d'espace pour faire durer un bout de temps.

Après de longs silences, quelqu'un d'autre s'annonçait sur la route. Son pas résonnait bientôt plus près et apportait la présence d'un nouveau moment au ciel, au champ, à la maison. Un homme, une femme ou un enfant passait dans notre jour alors que la nuit régnait en d'autres lieux du monde. [...]

D'aucuns écoutaient les médisants qui croyaient bien que leurs paroles ne sortiraient pas du chemin creux où elles s'échangeaient à l'heure la plus douce, mais la voix de ceux-ci allait jusqu'au seuil de ceux-là qui, pour mieux entendre, faisaient taire leurs enfants bruyants.

On prononçait rarement seul le mot amour, bien qu'on ne fût pas sans parler d'amoureux, de promis, de futurs et de futures.

Toute la floraison des gestes, des habitudes, des minces accidents peuplait le temps.

Par mégarde la ménagère se brûlait, les enfants pleuraient devant son énervement, d'un même coup l'oiseau sur le seuil s'envolait.

Le jardinier, montrant une pêche dont les guêpes avaient attaqué la pulpe, disait : « Regardez, si ce n'est point malheureux. » Son attention se portait un instant sur le fruit qui avait bien mûri pour que le monde continue d'être et la terre de tourner, supposé qu'elle tourne, pensait-il peut-être, en dedans, par vieille et têtue méfiance. [...]

Jean Follain par Madeleine Dinès, vers 1937.

Gens pensifs dans les jardins qui contournaient les massifs, femmes à sentences, forgerons dans leur halo, bons et méchants, tous ne désignaient-ils pas du même nom cette fleur commune qu'est la rose ? Une rose, disaient-ils, s'ils ne le disaient pas, ils le pensaient, et la fleur marquait en eux.

Dans le même temps, le mur aux toiles d'araignées et où vivaient de fragiles végétaux attendait qu'ils s'appuyassent contre lui, et la venue du soir délivrait la pierre de sa chaleur.

Devant la grande cheminée, il était permis d'imaginer qu'à la faveur des remous de l'histoire quelqu'un d'insolite viendrait s'asseoir un jour : un empereur, un roi, un conducteur de peuples, lequel, dans l'éclairage des flammes, prendrait figure ordinaire d'homme, adoucirait son regard ou peut-être même, très fatigué, fermerait tout à fait les yeux.

Jean FOLLAIN
Canisy

La maison saint-loise. Octave Feuillet y préparait ses charades et les faisait jouer par sa famille devant le « tout Saint-Lô » avant de les présenter à la Cour.

SAINT-LÔ

OCTAVE ET VALÉRIE FEUILLET : LE « MUSSET DES FAMILLES » ET LA « SÉVIGNÉ DES PALLIERS »,

par Claire VAUDEVIRE

Octave Feuillet, auteur dramatique et romancier né à Saint-Lô en 1821, entré à l'Académie française en 1862, oublié de nos jours bien qu'immortel, en vogue pendant près d'un siècle mais maintenant démodé, a laissé à sa ville natale un nom de rue et l'image un peu caricaturale d'un homme de lettres du second Empire.

Sorti du lycée Louis-le-Grand, à Paris, Octave choisit d'y résider et de se vouer à la littérature. Il écrit pour le théâtre et collabore à la *Revue des Deux Mondes*. Sa première comédie est représentée à l'Odéon le 15 novembre 1845. Suivent deux drames en cinq actes, des *Scènes et proverbes*, un roman, une comédie-vaudeville écrite en collaboration avec Paul Bocage (le neveu d'un acteur célèbre), des *Scènes et comédies etc.*, œuvres qui lui valent un succès qui ne se démentira plus jusqu'à la Seconde Guerre mondiale.

Cependant, de tempérament très nerveux, Octave préfère revenir à Saint-Lô en 1848 pour travailler dans le calme et s'occuper de son père, Jacques, vieillissant et malade. On assiste alors au spectacle paradoxal d'un auteur dramatique composant ses pièces à trois cents kilomètres de Paris sans se déranger ni pour les lire aux directeurs, ni pour les faire répéter, ni pour y assister... Car Eugène Feuillet, frère d'Octave, qui fait carrière au ministère des Finances, lui sert de représentant littéraire à Paris. Pendant dix ans, ce beau garçon élégant et charmeur remplace Octave dans les bureaux des directeurs de revue et les coulisses des théâtres. Il surveille les effets de certains mots, de certains jeux de scène sur le public, s'occupant de régler la claque, n'oubliant pas la fleuriste chargée d'envoyer des bouquets à l'interprète. Il veille à tout. Il voit tout. Il entend tout[1].

En 1851, Octave épouse sa cousine, Valérie Dubois, fille du maire de Saint-Lô, de douze ans sa cadette. Le ménage s'installe chez monsieur Feuillet père puis, à la mort de celui-ci en 1858, au château de la Vaucelle à Saint-Lô ainsi qu'à Paris car Octave, au sommet de sa gloire, est de plus en plus demandé à la cour. Il écrit alors, pour l'Impératrice, *Portraits de la Marquise*. Jouée en 1859 au château de Compiègne, par Eugénie, la pièce remporte un franc succès. « L'Impératrice a joué à merveille et a été d'une gracieuseté parfaite [...]. Après la pièce on a demandé l'auteur à grands cris, alors le rideau a été levé, et l'Impératrice tenant Octave par la main s'est avancée sur la scène et a présenté l'auteur au public enthousiasmé », écrivait alors le beau-père d'Octave Feuillet.

Le musée des Beaux-Arts de Saint-Lô conserve, grâce au don de Valérie en 1905, la plupart des objets qui composaient le décor intérieur des Feuillet : tableaux, sculptures, gravures, dessins, miniatures, photographies et quelques meubles. L'un des éléments les plus parlants

1. Voir le *Larousse mensuel* n° 191, janvier 1923 et J. Potier, « Octave Feuillet : évocations familiales », la *Revue de la Manche*, t. 39, juillet 1997.

de cette collection est la tabatière réalisée par le bijoutier Mellério, rue de la Paix à Paris, et offerte par l'Impératrice Eugénie à Octave Feuillet en souvenir de l'événement. L'année précédente, en 1858, lors de la représentation du *Roman du jeune homme pauvre* à Compiègne devant Leurs Majestés, l'Impératrice avait pleuré.

Quant à la princesse Mathilde, cousine de Napoléon III, elle avait fait appeler Octave dans sa loge pour le féliciter et l'inviter à l'un de ses fameux dîners rue de Courcelles où se préparaient, entre autres, les élections à l'Académie française. Une aquarelle de la main de la princesse accompagnée d'une lettre non datée, depuis sa résidence d'été de Saint-Gratien (« Votre dessin est prêt [...] placé-le (*sic*) dans votre cabinet dans un coin que tout le monde ne visite pas »), témoigne de l'appartenance du couple Feuillet au cercle de ses intimes, comme Gustave Doré ou Ernest Hébert, dont les Feuillet posséderont des œuvres.

Octave s'intéressait aux nobles sentiments, à une société brillante, bien plus qu'aux paysages ou aux mœurs rustiques, malgré son admiration pour George Sand. Il a donc peu évoqué sa ville natale et la Manche dans son œuvre ; on retrouve néanmoins Saint-Sauveur-le-Vicomte dans la comédie *Le Village* (1854) et Hambye dans *La Petite Comtesse* (1857) ou encore le château de Trécœur (détruit) à Condé-sur-Vire qu'il décrit dans *Monsieur de Camors* et dont il prête le nom à l'une de ses héroïnes pour une histoire qui se déroule dans la Hague. En revanche, ses tableaux semblent lui avoir

Octave Feuillet débuta son activité littéraire en écrivant, pour la Revue des Deux Mondes, *une série de scènes et proverbes visiblement imités des fantaisies d'Alfred de Musset, qui lui valurent son surnom.*

donné des idées, notamment pour *L'Urne* (1854) : « Hier soir ma mignonne, a eu lieu la première représentation de *L'Urne*. [...] Un joli décor fait exprès, des toilettes et des costumes d'une fantaisie brillante et très réussie, jusqu'au petit nègre vêtu de soie pourpre avec un gros turban blanc[2]. » Ce personnage, pour ne citer que lui, semble tout droit descendu du portrait du *Noir au turban*[3] de la collection Feuillet.

Valérie Feuillet, l'épouse d'Octave, avait une grande amie, Flore Singer, proche des Fould, une importante famille du second Empire. C'est le fils de Flore qui surnomma Valérie la « Sévigné des Palliers » en raison de la correspondance régulière entre les deux femmes et d'après le nom de la maison saint-loise que les Feuillet occupèrent pendant près de vingt ans, à partir d'octobre 1861. Octave y préparait ses charades, distraction favorite des souverains à Compiègne, et les faisait jouer par sa famille devant le « Tout Saint-Lô » avant de les

2. Lettre d'Octave Feuillet à sa femme, du mardi 2 avril 1860.
3. Huile sur toile attribuée à Carle Van Loo (1705-1765).

présenter à la Cour. Leur cohabitation, à lire ce que Valérie en écrit dans un manuscrit, ne fut pas toujours simple :

« Il [Octave] se couchait avec le jour et quand il s'était retiré chez lui il voulait que tout le monde s'endormît. Si je ne m'endormais point, il fallait du moins m'enfermer en silence dans un coin de la maison. Même pendant les plus chaudes soirées d'été, il ne tolérait pas le bruit de mes pas sur le sable du jardin. [...] Parfois lorsque j'étais sûre que mon mari dormait, je sortais à pas de loup de la maison et m'en allais marcher à l'aventure le long de la ruelle qui passait devant la porte d'entrée, du côté opposé au jardin et aux fenêtres de mon mari. Cette ruelle était noire et triste mais j'y respirais l'air parfumé des petits clos du voisinage. »

Cette maison existe toujours, venelle Saint-Pierre, mais le jardin sert désormais aux voitures du centre de formation « des Palliers » du Greta.

Le manuscrit cité plus haut – journal ou brouillon ? – fut publié par Valérie, sous le nom de madame Octave Feuillet, en une version expurgée comportant deux tomes : *Quelques Années de ma vie* (1894) et *Souvenirs et correspondance* (1896). Si l'intérêt de ces ouvrages est évident, la véracité des faits relatés l'est un peu moins car Valérie, je cite Richard son propre fils, « a souvent pris pour réalités des faits ou des choses qui semblaient devoir corser l'intérêt d'un récit ». Ainsi lorsqu'elle parle d'Octave « réduit aux abois par son père parce qu'il voulait faire de la littérature » c'est, je cite toujours Richard, « une histoire de pure imagination ».

UNE SCÈNE DE « LA MORTE », le roman nouveau de M. Octave Feuillet. — Composition de M. Mesplès. — Voir le Courrier de Paris, page 115.

Que reste-t-il à Saint-Lô comme témoignages strictement littéraires d'Octave Feuillet, hormis les livres eux-mêmes ? Des manuscrits et une volumineuse correspondance[4], des illustrations ou projets d'illustrations pour ses ouvrages, son épée d'académicien qu'il reçut, lui qui fut surnommé le « Musset des familles », dix ans après l'élection de ce même Musset à l'Académie française.

Et restent des souvenirs plus intimes comme le portrait de deux enfants Feuillet, Jacques et Richard, peint en 1867 par Édouard Brandon : sur un fauteuil à l'arrière-plan traîne négligemment le livre publié par leur père cette année-là, *Monsieur de Camors*. Ce roman traite de la décentralisation, sujet qui préoccupait Octave et Valérie Feuillet, partagés entre une vie parisienne, culturelle et mondaine agitée et une vie de province qu'Octave trouvait parfois limitée. ■

4. Conservés aux archives départementales ou à la bibliothèque municipale, fonds ancien.

La vie de province

À proprement parler, Camors, jusqu'à cette époque de sa vie, n'avait jamais quitté Paris. Toutes les fois qu'il en était sorti, il en avait emporté avec lui le bruit, le mouvement, le train mondain et l'existence artificielle ; les courses, les chasses, les séjours au bord de la mer ou dans les villes d'eaux ne lui avaient jamais fait connaître en réalité ni la province ni la campagne. Il en eut alors la vraie sensation pour la première fois, et cette sensation lui fut odieuse. À mesure qu'il s'avançait sur cette route silencieuse, sans lumières, sans maisons, il lui semblait qu'il voyageait dans les sites désolés et morts d'un paysage lunaire. Cette région de la Normandie rappelle les parties les plus cultivées de la vieille Bretagne. Elle en a le caractère agreste et un peu sauvage, les pommiers et les bruyères, les couverts épais, les vertes vallées, les chemins creux, les haies touffues. Il y a des rêveurs qui aiment cette nature douce et sévère, même dans son repos nocturne. Ils aiment tout ce qui frappait alors les sens indifférents de M. de Camors, – ce silence même et cette paix des campagnes endormies, l'odeur des prairies fauchées le matin, ces petites lueurs vivantes qui brillent çà et là dans l'herbe des fossés, le ruisseau invisible qui murmure dans le pré voisin, le vague mugissement d'une vache qui rêve, – et au-dessus de tout cela le calme profond des cieux.

M. de Camors marchait toujours devant lui avec une sorte de désespoir, se flattant sans doute de rencontrer à la fin le boulevard de la Madeleine. Il ne trouva que quelques chaumières de paysans éparses au bord du chemin, et dont les toitures basses et moussues semblaient sortir de cette terre féconde comme une énorme végétation. Deux ou trois des habitants de ces taudis respiraient l'air du soir sur le seuil de leur porte, et Camors put distinguer dans l'ombre leurs formes lourdes et leurs membres déjetés par le rude travail des champs. Ils étaient là muets, immobiles, et ruminant dans les ténèbres, pareils à des animaux fatigués. M. de Camors, comme tous ceux que possède une idée maîtresse, avait coutume, depuis qu'il avait adopté pour règle de sa vie la religion de son père, d'y rapporter toutes ses impressions et toutes ses pensées. Il se dit en ce moment qu'il y avait sans aucun doute entre ces paysans et un civilisé comme lui une distance plus grande qu'entre ces paysans et les brutes des forêts, et cette réflexion le confirma dans le sentiment d'aristocratie farouche qui est un des termes logiques de sa doctrine.

Il venait de gravir une côte assez roide, du haut de laquelle il entrevoyait d'un œil découragé un nouvel horizon de pommiers, de meules de foin et de confuse verdure, et il s'apprêtait à retourner sur ses pas, quand un incident inattendu l'arrêta sur place : un bruit étrange avait soudain empli ses oreilles. C'était un agréable concert de voix et d'instruments, qui, dans cette solitude perdue, tenait du rêve et du miracle. La musique était bonne et même excellente ; il reconnut le prélude de Bach arrangé par Gounod. Robinson, lorsqu'il aperçut la trace d'un pied humain sur le sable de son île, ne fut pas plus étonné que M. de Camors en découvrant au milieu de ce désert un si vif symptôme de civilisation. S'orientant sur les sons mélodieux qu'il entendait, il descendit la colline avec précaution et curiosité, comme un fils de roi à la recherche d'un palais enchanté. Le palais lui apparut à mi-côte, sous la forme d'une haute muraille, qui était la partie postérieure d'une habitation adossée à la route. Une des fenêtres du premier étage était ouverte sur une des faces latérales de la maison, et c'était de là, à n'en point douter, que sortaient les flots d'harmonie, mêlés à des flots de lumière. Sur le fond d'un accompagnement où quelques instruments à cordes se mariaient aux accords du piano une voix de femme pure et grave s'élevait et disait la phrase mystique du jeune maître avec une expression et un goût qui lui auraient fait plaisir à lui-même. Camors était musicien et fort capable d'apprécier la savante exécution de ce morceau. Il en fut tellement frappé, qu'il éprouva le désir irrésistible de voir les exécutants, et particulièrement la chanteuse. Dans cette innocente intention, il escalada le revers du fossé qui bordait la route, et se dressa sur le haut du talus ; se trouvant encore d'un bon nombre de mètres au-dessous de la fenêtre éclairée, il n'hésita pas à user de ses talents gymnastiques pour se hisser dans les branches supérieures d'un des vieux chênes qui croissaient sur la haie. Pendant qu'il opérait cette ascension, il ne se dissimulait pas tout ce qu'un pareil trait avait de léger pour un futur député de l'arrondissement, et il ne pouvait s'empêcher de sourire à la pensée d'être surpris dans cette position équivoque par le terrible Des Rameures ou par sa nièce.

Il parvint à s'établir assez commodément sur une maîtresse branche, dans le plus épais du feuillage, à peu près en face de la fenêtre intéressante, et, quoi qu'il en fût à une distance respectable, son regard put pénétrer dans l'intérieur du salon où le concert avait lieu. Une dizaine de personnes y étaient réunies autant qu'il le put voir. Quelques femmes, d'âges divers, travaillaient autour d'une table. Près d'elles, un jeune homme paraissait dessiner. Deux ou trois assistants étaient plongés çà et là dans des meubles confortables avec un air de recueillement. Autour du piano se présentait un groupe qui attira principalement l'attention du jeune comte. Une jolie fillette d'une douzaine d'années tenait gravement le piano ; derrière elle, un vieillard, remarquable par sa haute taille, son front chauve, sa couronne de cheveux blancs et ses épais sourcils noirs, jouait du violon avec une dignité sacerdotale ; un homme d'une cinquantaine d'années, en costume ecclésiastique, et portant une énorme paire de lunettes à branches d'argent, était assis près de lui, et maniait avec une mine de profonde contention l'archet d'un violoncelle. Entre eux était la chanteuse. C'était une personne brune, pâle, mince, élégante, qui ne paraissait pas avoir dépassé vingt-cinq ans ; l'ovale un peu sévère de son visage était animé par deux grands yeux noirs, qui semblaient grandir encore quand elle chantait. Elle tenait une de ses mains posée sur l'épaule de l'enfant qui était assise au piano, et, de cette main, elle semblait battre doucement la mesure, pressant et modérant tour à tour le zèle de l'enfant, et cette main était charmante.

Octave FEUILLET
Monsieur de Camors

Souvenir d'enfance

Le printemps commençait à paraître quand la révolution de 1848 éclata. Ma mère fut transportée de joie en apprenant la chute de Louis-Philippe. Elle espéra que la République ne serait qu'un feu de paille et qu'après elle la France rappellerait ses vieux rois. Sur les graves nouvelles arrivant de Paris, on fit venir madame de Quigny à Saint-Lô, craignant de la laisser seule avec ses vieilles années au milieu des paysans dont les haines pouvaient se réveiller dans le trouble de l'heure présente. Ma grand'mère consentit avec peine à quitter Trécœur, elle arriva pourtant et resta avec nous tout le temps que dura l'orage révolutionnaire. Pendant la veillée, ma grand'mère et ma mère réorganisaient la France avec sérénité et dans leur imagination exaltée, plantaient déjà le drapeau blanc sur tous les édifices de la patrie.

Cependant, lorsque les arbres de la liberté furent coiffés du bonnet rouge, lorsque les massacres de Juin jetèrent partout l'épouvante, lorsque les jours passèrent sans qu'aucune voix rappelât le fils des

Valérie *par* Gustave Crauk. *La fille du maire de Saint-Lô deviendra madame Octave Feuillet en 1851.*

Valérie Feuillet fut surnommée la « Sévigné des Palliers » en raison de la quantité de courrier qu'elle échangeait et d'après le nom de la maison saint-loise que les Feuillet occupèrent pendant près de vingt ans.

Bourbons, ma mère et ma grand'mère courbèrent la tête et se mirent à prier.

Madame de Quigny se rappela les horreurs de 1793. Les champs de bataille qu'elle avait traversés, les mourants et les morts sur lesquels elle avait passé. Le souvenir de tels drames joint aux inquiétudes présentes parut un instant abattre son âme courageuse. La nuit, elle ne prenait aucun repos. « Je ne me coucherai pas, disait-elle, il y en a tant d'autres en ce moment qui veillent et qui meurent. » Puis marchant dans sa chambre, elle allait psalmodiant le *De Profundis.*

J'étais comme ma grand'mère, je ne pouvais dormir. Quand tout reposait dans la maison, je faisais encore le quart sur nos murailles au clair des étoiles, tâchant de recueillir les bruits venant de la route d'Avranches. C'était de là que nous arrivaient les nouvelles de Paris, apportées par un courrier à cheval. Quelle émotion, quand au milieu du silence de la nuit j'entendais un galop précipité, et les claquements sonores d'un fouet. C'était le courrier qui descendait la côte comme le personnage fantastique d'une ballade allemande. Bientôt le galop et les claquements sonores se perdaient au fond de nos rues obscures, me laissant jusqu'au lendemain en proie aux plus cruelles incertitudes.

Mon père, maire de la ville, passait son temps à la mairie, tâchant de maintenir l'ordre dans la population ameutée sur la place ; pendant cela, le commandant de la garde nationale parcourait les rues à cheval en brandissant son épée. Mon père, très aimé, finissait toujours par remettre à la raison les esprits surexcités. Cependant, quelques-uns organisaient malgré lui des promenades patriotiques avec des loques rouges et chants de *La Marseillaise.* Un soir que mon père rentrait exténué et s'allait mettre au lit, une de ces hordes arriva jusqu'à notre porte en demandant le maire à grands cris. Mon père, à demi vêtu, se présenta : « Citoyen maire, lui dit notre marchand de porcelaine enroulé dans une écharpe tricolore, nous venons te couper les deux oreilles. – La chose ne sera pas aussi facile que cela, dit mon père ; si vous voulez, avant d'entreprendre l'opération, nous boirons ensemble quelques verres de mon meilleur vin ? – Vive le maire », cria le marchand de porcelaine. Et l'on se mit à boire sans rien couper du tout. Pendant cela, mes frères réveillés se mirent à pleurer et eurent si peur à l'idée qu'on allait aussi leur enlever les oreilles, qu'ils se sauvèrent de leur lit et furent jusqu'au grenier se cacher dans la huche au linge sale.

Le sang qui ne coulait pas à Saint-Lô coulait à Paris. L'archevêque Affre, qui s'était avancé le rameau d'olivier à la main sur les barricades du faubourg Saint-Antoine, avait été frappé par les balles des insurgés. Le général de Bréa agonisait dans un bouge du quartier Saint-Jacques et son corps coupé en morceaux, était livré à la populace. On faisait appel à toutes les gardes nationales de France et tout ce qui avait de la jeunesse et de l'honneur marchait vers Paris le fusil sur l'épaule.

Les jeunes gens venant de Cherbourg, d'Avranches et des frontières de Bretagne, passèrent par notre ville pour se réunir à nos soldats. Comme le chemin de fer ne venait pas jusqu'à notre département et qu'il fallait l'aller chercher à quarante lieues de là, on dut réquisitionner les voitures pour le transport des troupes. Les préparatifs du départ se firent sur la place voisine de notre maison. Nous y assistâmes, ma mère et moi.

Dans la première charrette qui se mit en marche, nous reconnûmes quelques jeunes gens d'Avranches. L'un d'eux, M. de Quinsay, que l'on appelait au bal le beau de Quinsay, se tenait debout au milieu de ses compagnons. Il avait l'air d'un jeune Romain dirigeant son char dans l'arène. Quand il passa près de nous, je m'aperçus qu'il s'essuyait le front avec un coin de son drapeau. Je lui jetai mon mouchoir, il le prit et se mit à chanter « Mourir pour la Patrie », avec une voix qui me fit pleurer.

Les enfants Feuillet, Jacques et Richard, par É. Brandon. *Ce portrait figura à l'Exposition universelle de 1867.*

Le général Cavaignac sauva la France. L'émeute refoulée rentra dans sa tanière. On eut encore quelques alertes en province ; certaines villes du Midi, certains centres manufacturiers eurent encore leurs drames sanglants, mais dans les départements pacifiques de la Normandie, nous n'eûmes plus que de vagues inquiétudes bientôt dissipées.

Nous reprîmes peu à peu nos calmes habitudes.

Valérie FEUILLET
Quelques Années de ma vie

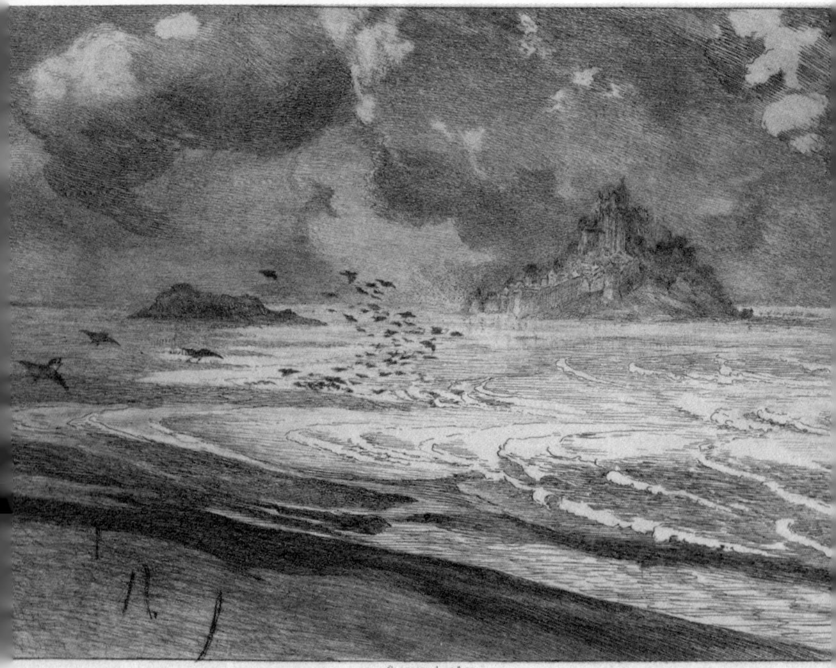

Rien n'est plus surprenant que l'aspect de cette roche soudaine qui ne se rattache à aucune chaîne de montagnes et perce comme une pointe d'ossement l'épiderme de la planète.
Théophile Gautier

AVRANCHES ET LE MONT-SAINT-MICHEL

LA CITÉ DES MOTS,
par Henry DECAËNS

Le site grandiose de la baie du Mont-Saint-Michel, où le ciel, les sables de la grève et la mer se confondent, ne pouvait qu'inciter les hommes à se tourner vers les activités spirituelles et intellectuelles. Les chanoines installés en 709 sur le rocher par saint Aubert, fondateur du premier sanctuaire dédié à l'Archange, possédaient déjà des manuscrits ; l'un d'entre eux a rédigé, sans doute au début du IXe siècle, le texte de la *Revelatio* qui relate la fondation du Mont. Leurs successeurs bénédictins, à partir de 966, ont partagé leur vie entre la prière et le travail. Leur activité intellectuelle et artistique a été si féconde, notamment aux XIe et XIIe siècles, que l'abbaye a été surnommée « La cité des livres » ; 203 manuscrits provenant du scriptorium montois sont conservés à la bibliothèque municipale d'Avranches.

Cette activité intellectuelle intense a été interrompue par la Révolution qui a chassé les moines en 1790 et transformé l'abbaye en prison en 1793. Cette nouvelle affectation, catastrophique pour les bâtiments, n'a cessé qu'en 1863. Mais, grâce au mouvement romantique, le monument a toujours attiré des écrivains et des poètes ; ils nous ont fait partager leur admiration pour le site et le monument dans le récit de leurs voyages.

Parmi les écrivains du début XIXe siècle, tous n'ont pas été sensibles à la beauté du site et du monument. Dans ses *Mémoires d'un touriste* (1838), Stendhal avoue même son indifférence : « Il m'a paru si petit, si mesquin, que j'ai renoncé à l'idée d'y aller. »

Mérimée, qui a visité le Mont en 1841 lors d'une tournée d'inspection des monuments historiques, n'a guère été séduit par le monument : « Le granite n'est point destiné à faire des clochetons et des crosses, [...] et la brume salée de l'Ouest a déjà fait justice de toutes les moulures. Elles ressemblent à des morceaux de sucre imbibés d'eau. »

À ces réactions peu flatteuses s'oppose l'enthousiasme de Charles Nodier, qui a vu l'abbaye en 1820, de Viollet-le-Duc et surtout de Victor Hugo qui la découvrirent respectivement en 1835 et en 1836. Viollet-le-Duc avait alors vingt et un ans ; il parcourait la France pour étudier et dessiner ses monuments. Il parle du Mont avec passion dans une lettre adressée à son père le 30 mai 1835 : « Rien n'est plus beau, rien n'est plus sauvage, rien n'est plus grandiose, rien n'est plus triste. Il faut voir ses tours de granit frappées par la mer, il faut entendre le vent qui le soir mugit dans les grands escaliers du château [c'est ainsi que l'on appelait alors l'abbaye], le cri de l'hirondelle, et le battement des fenêtres livrées à la tempête, pour se faire une idée de l'effet lugubre de cette masse de bâtiments, de ses effets variés, de son imposante majesté. »

Victor Hugo, lui aussi, ne pouvait qu'être fasciné par la baie, théâtre de marées impressionnantes, et par les bâtiments que les hommes ont construits au Moyen Âge sur ce rocher sublime, en parfaite harmonie avec la nature. Il nous livre son émerveillement dans sa correspondance. Mais il est scandalisé que ses contemporains aient transformé l'abbaye en prison. Lui qui aimait la liberté comprend mal que l'on ait choisi un joyau de l'architecture médiévale pour y enfermer des détenus. De plus, on avait installé en 1796 sur la plate-forme couronnant la tour de l'église, à la base de la flèche actuelle qui ne sera édifiée qu'en 1895-1897, un relais de la ligne du télégraphe Chappe reliant Paris à Brest. Pensant qu'une statue de l'Archange couronnait primitivement la flèche de l'église, le poète enrage qu'elle ait été remplacée par cette machine fort laide à son goût.

Hugo n'a pas oublié cette visite et il parle du Mont à plusieurs reprises dans son œuvre en le comparant à Chéops. Peu avant sa mort, en 1884, il se fit un ardent défenseur de l'insularité du Mont qui venait d'être relié au continent par une digue insubmersible :

« Le Mont-Saint-Michel est pour la France
ce que la grande pyramide est pour l'Égypte.
Il faut le préserver de toute mutilation.
Il faut que le Mont-Saint-Michel reste une île.
Il faut conserver à tout prix cette double œuvre
de la nature et de l'art. »

Le cri d'alarme du poète va enfin être entendu puisque les travaux destinés à rétablir le caractère maritime du Mont vont démarrer cette année !

Pour Flaubert, dont le récit de son voyage avec Maxime Du Camp en 1847 a été publié dans un livre posthume, *Par les champs et par les grèves* (1886), l'abbaye constitue un véritable labyrinthe. Il a notamment admiré l'église abbatiale : « L'église a un chœur gothique et une nef romane, les deux architectures étant là comme pour lutter de grandeur et d'élégance. »

Théophile Gautier, venu au Mont en 1860 pour voir une grande marée, a également été impressionné par ce labyrinthe de salles voûtées. Le récit fascinant de sa visite, publié dans *Quand on voyage* (1865), est marqué par sa passion pour la peinture : « Une visite au Mont-Saint-Michel est un plaisir du même genre que celui qu'on prend à lire un roman d'Anne Radcliffe ou à feuilleter ces étranges eaux-fortes dans lesquelles Piranèse égratignait sur le vernis noir ses cauchemars d'architecture. » Plus près de nous, Remy de Gourmont souligne déjà toute l'ambivalence du tourisme moderne dans un article de *La Dépêche de Toulouse* du 23 janvier 1911 : « La foule gâte le Mont-Saint-Michel et sans la foule il vivrait à peine. »

Le Mont a également contribué à nourrir l'imaginaire des auteurs de romans. Les plus célèbres sont sans doute ceux de Paul Féval, *La Fée des grèves* (1851) et *L'Homme de fer* (1856) dont l'action se passe au XVe siècle dans la baie. Au XIXe siècle, la baie semble d'ailleurs plus attirer que le rocher lui-même ; après être passé au Mont en 1858, Michelet ne retient que le souvenir des grèves dangereuses dans *La Mer* (1861).

Maupassant a fait la connaissance du Mont en se rendant à Cancale en septembre 1879. Une nouvelle du recueil *Clair de Lune* (1884) a pour titre « La Légende du Mont-Saint-Michel ». On trouve aussi une description du Mont dans son dernier roman, *Notre cœur* (1890). Mais c'est dans *Le Horla* (1887) qu'il donne du monument le portrait le plus fantastique : « J'entrai dans ce gigantesque bijou de granit, aussi léger qu'une dentelle, couvert de tours, de sveltes clochetons, où montent des

escaliers tordus, et qui lancent dans le ciel bleu des jours, dans le ciel noir des nuits, leurs têtes bizarres hérissées de chimères, de diables, de bêtes fantastiques, de fleurs monstrueuses, et reliés l'un à l'autre par de fines arches ouvragées. »

Dans un registre bien différent, Christophe situe au Mont une aventure de *La Famille Fenouillard* (1893) ; au cours de la visite de l'abbaye, madame Fenouillard est enfermée par erreur dans un cachot, sans que les filles, Artémise et Cunégonde, ne s'en aperçoivent !

Le roman qui a sans doute remporté le plus grand succès populaire est *Sous le pied de l'Archange* (1937) de Roger Vercel. Les modèles de l'auteur ne sont pas les grands personnages de l'histoire millénaire du Mont, mais les modestes habitants du village. Vercel met en scène les gardiens de l'abbaye, tel André Brelet, et les pêcheurs ou pêcheuses de coques de la baie comme la mère Hirson et Andréa. Les superbes descriptions qu'il donne de l'abbaye et surtout de la baie permettent de mesurer la fascination que la citadelle de l'Archange a exercée sur lui. ■

Nous vous en présentons ci-après un extrait ainsi que deux autres textes qui illustrent la présence millénaire du Mont dans la littérature.

La fondation du sanctuaire du Mont-Saint-Michel

L'auteur, un moine du Mont-Saint-Michel très attaché à sa « maison », a transposé en vers français les textes latins fondateurs du sanctuaire et conservés dans le trésor de l'abbaye. Son *romanz* de plus de 4 000 octosyllabes est tout à la fois une histoire du Mont, un guide des lieux, et un ferme avertissement adressé au duc de Normandie et roi d'Angleterre de l'époque, Henri II Plantagenêt, désireux de restreindre les droits des moines et de leur abbé.

Il relate ici les circonstances de la fondation d'une église sur le mont Tombe par Aubert, évêque d'Avranches, en 708. Son récit tient compte de la découverte, vers 1110, d'un crâne perforé, considéré comme celui d'Aubert.

Je vais évoquer saint Aubert et la venue de l'ange auprès de lui. Alors qu'il se trouvait une nuit à Avranches et qu'il dormait dans son lit, un ange descendit des cieux jusqu'à lui – je crois que c'était saint Michel. Il le réveilla et lui dit de se rendre le lendemain au Mont et de commencer à édifier en son sommet une chapelle en l'honneur de Dieu et de saint Michel, dont la puissance au ciel est grande, car il est préposé à la garde du Paradis : il le fut, l'est et le sera toujours.

Après avoir écouté attentivement et retenu ce message, saint Aubert ne s'en soucia aucunement jusqu'au moment où, un soir où il s'était endormi d'un profond sommeil, l'ange revint ; il le tira de son sommeil, l'appela par son propre nom et lui répéta exactement l'ordre qu'il lui avait donné la première fois. Aubert considéra alors que si Dieu voulait qu'il fût plus sûr de ce que l'ange lui avait dit, celui-ci viendrait encore pour la troisième fois, car il est arrivé à plusieurs reprises que le diable trompe de cette façon plus d'un ermite et d'autres personnes de grande valeur. L'apôtre lui-même disait que nul ne devait croire un esprit tant qu'il n'avait pas prouvé qu'il était de bonne foi ou qu'il émanait de Dieu. C'est pourquoi il garda encore une fois le silence, pensant être l'objet d'une tromperie.

Voici ce qui se produisit alors : il dormait, comme à son habitude, dans sa chambre, quand l'ange arriva, en colère à ce qu'il lui sembla ; il le frappa d'un de ses doigts au beau milieu du front : le trou de forme ronde qu'il lui fit y est encore visible. En le frappant, il lui dit d'aller sans attendre commencer la construction de l'église au sommet du mont, là où il verrait un taureau qui s'y trouvait à l'attache : il y avait été amené en cachette. Le taureau avait marché tout autour de lui : c'était là l'emplacement des fondations qu'Aubert réaliserait. Sur ces mots, il s'en alla. L'évêque n'eut alors plus de doute : il sut parfaitement que Dieu voulait que fût accompli ce que disait son interlocuteur.

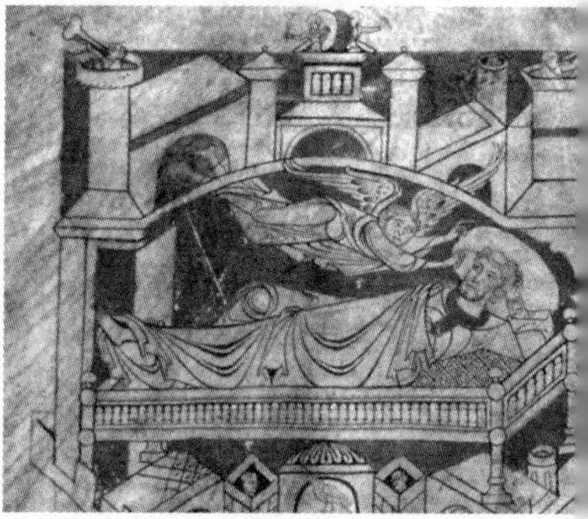

Vision de saint Aubert. Cartulaire du Mont-Saint-Michel. Vers 1150.

Guillaume de SAINT-PAIR

(Transcription C. BOUGY)

Lettre à Adèle

Saint-Jean-de-Daye, 30 juin 1836

J'étais hier au Mont-Saint-Michel. Ici il faudrait entasser les superlatifs d'admiration comme les hommes ont entassé les édifices sur les rochers et comme la nature a entassé les rochers sur les édifices. Mais j'aime mieux commencer platement par te dire, mon Adèle, que j'y ai fait un affreux déjeuner. Une vieille aubergiste bistre appelée madame Laloi a trouvé moyen de me faire manger du poisson pourri au milieu de la mer. Et puis comme on est sur la lisière de la Bretagne et de la Normandie, la malpropreté y est horrible, composée qu'elle est de la crasse normande et de la saleté bretonne qui se superposent à ce précieux point d'intersection. Croisement des races ou des crasses, *comme tu voudras.*

J'ai visité en détail et avec soin le château, l'église, l'abbaye, les cloîtres. C'est une dévastation turque. Figure-toi une prison, ce je ne sais quoi de difforme et de fétide qu'on appelle une prison, installée dans cette magnifique enveloppe du prêtre et du chevalier au quatorzième siècle. Quand donc comprendra-t-on en France la sainteté des monuments ? À l'extérieur le Mont-Saint-Michel apparaît de huit lieues en terre et de quinze en mer comme une chose sublime, une pyramide merveilleuse dont chaque assise est un rocher énorme façonné par l'océan ou un haut habitacle sculpté par le moyen-âge, et ce bloc

« Figure-toi ce je ne sais quoi de difforme et de fétide qu'on appelle une prison. »

monstrueux a pour base, tantôt un désert de sable comme Chéops, tantôt la mer comme le Ténériffe. – À l'intérieur le Mont-Saint-Michel est misérable. Un gendarme est à la porte, assis sur le gros canon rouillé pris aux Anglais par les mémorables défenseurs du château. Il y avait un second canon de même origine. On l'a laissé bêtement s'enliser dans les fanges de la poterne. On monte. C'est un village immonde où l'on ne rencontre que des paysans sournois, des soldats ennuyés et un aumônier tel quel. Dans le château, tout est bruit de verrous, bruit de métiers, des ombres qui gardent des ombres qui travaillent (pour gagner vingt-cinq sous par semaine), des spectres en guenilles qui se meuvent dans des pénombres blafardes sous les vieux arceaux des moines, l'admirable salle des chevaliers devenue atelier où l'on regarde par une lucarne s'agiter des hommes hideux et gris qui ont l'air d'araignées énormes, la nef romane changée en réfectoire infect, le charmant cloître à ogives si délicates transformé en promenoir sordide, partout l'art du quinzième siècle insulté par l'eustache sauvage du voleur, partout la double dégradation de l'homme et du monument combinée ensemble et se multipliant l'une par l'autre. Voilà le Mont-Saint-Michel maintenant.

Victor HUGO, *Correspondance*

La baie à pieds nus

La mère Hirson avait traversé la route et pris par un labour. C'était la fin des polders. Après deux talus bas, l'herbu commençait. André n'y avait jamais marché. Sous les crystes[1] boueuses et les salicornes, des trous d'eau saumâtre s'ouvraient, et il y enfonçait jusqu'à la cheville. Il n'accusait point le coup et ses compagnes ne semblaient point s'en apercevoir. Puis, c'étaient des « criches[2] », dont on longeait les bords gluants. Il fut content de retrouver la tangue[3] ferme et de pouvoir regarder ailleurs qu'à ses pieds.

D'où ils étaient, l'on découvrait toute la baie comme une nappe nacrée et instable que le vent balançait. Un brouillard diaphane y restait suspendu, et le Mont, Tombelaine, y semblaient travaillés à l'estompe, vus dans une jumelle mal au point. Tout s'écoulait. L'eau grise s'enfuyait de partout, à petits plis pressés. Les tangues, délacées, bombaient çà et là, jetées en désordre comme de longs boucliers luisants, des sagaies aiguës. Ce qui restait de mer finissait de se déchirer en haillons incolores, et le sable buvait, infatigablement, avec un bruit de salive. Un vol d'étourneaux accourut dans le ciel de papier, une poignée disciplinée de gros points sombres, qui tournoyèrent un instant au-dessus d'un berger debout, très loin, dans l'herbu, et dont on ne distinguait pas le troupeau.

1. Criste-marine.
2. Petites vallées vaseuses creusées dans les herbus par la mer.
3. Alluvion.

Le Mont a contribué à nourrir l'imaginaire des auteurs de romans. Les plus célèbres sont ceux de Paul Féval au XIXe *siècle. Celui qui a sans doute remporté le plus grand succès populaire est* Sous le pied de l'Archange *(1937) de Roger Vercel.*

Le clapotement de ses semelles dans un marou surprit André. Il n'avait pas vu cette mince couche d'eau transparente et tellement immobile. Les femmes s'arrêtèrent une seconde : deux gestes rapides, et leurs souliers tombèrent. Il fut plus long à se déchausser. Elles repartaient déjà, sans l'attendre, comme s'il ne comptait plus, maintenant qu'elles le tenaient. Il releva son pantalon au-dessous des genoux et marcha. L'eau glacée brûlait, et il retint un frisson. La honte de la gageure imbécile faillit lui faire rebrousser chemin. Il comprenait qu'elles allaient se gausser de lui, férocement. Il ralentit, mais la vieille, comme si elle l'avait eu deviné, lui cria :

– Alors, elle est bonne ?

– Épatante !

Et il allongea le pas, pour arriver à la hauteur d'Andréa, qui suivait la vieille. Mais la fille lui fit signe du bras, sans se retourner, de rester derrière. Il fallait garder cette marche en file, comme une cordée en montagne. L'eau, maintenant, montait presque jusqu'au genou, une eau qui se ridait et dont le scintillement léger finissait par éblouir. Il leva les yeux : il ne restait dans cet air blanc aucun point de repère. Tombelaine même, vers laquelle ils marchaient, n'était qu'une condensation grise à l'horizon.

La vieille, devant, à dix pas, sembla balancer légèrement et cria :

– Ça branle !

Elle n'avait point ralenti : il fallait passer franchement dans les lises[4]. Mais elle allait, comme détendue, les genoux fléchis, avec un souci visible de ne pas insister sur le sol mouvant, de se faire légère, une marche qui tentait de tirer vers le haut tout le poids. André, qui venait dans le sillage d'Andréa, vit tout le corps de la fille appareiller devant lui, comme celui d'une équilibriste, les hanches jouer pour atténuer le choc des pas, les épaules onduler, les bras s'écarter pour l'équilibre. À son tour, il entra sur la lise. Bien mieux que la botte, le matin, le pied nu se sentait peser sur une couche de boue suspendue, sur un radeau de gélatine dont les oscillations s'amplifiaient à la moindre erreur d'enjambée, et qu'il fallait calmer. Un instant, André s'affola à sentir le balancement du sol prêt à chavirer, de même que ces bateaux plats qui roulent bord sur bord, quand

4. Sable vaseux grisâtre et très fin.

un imprudent n'y marche pas dans l'axe. Andréa lui jeta par-dessus l'épaule :

– Un pied devant l'autre !

C'était vrai qu'il fallait y glisser comme sur un fil tendu… Dès qu'il l'eut fait, la lise s'apaisa. Mais, plus il avançait, plus il sentait ses pieds sucés par la boue liquide et l'ondulation de l'eau mouvante sous la couche gluante de la mollasse. Il fit les derniers pas presque en courant, comme on court au bout d'une planche jetée sur un torrent. La mère Hirson attendait, debout et droite sur le sable ferme, au-delà du danger. Andréa, en abordant, dit, comme s'il n'avait pas été là :

– J'ai cru qu'il allait tout crever !

Puis elle se retourna sur lui :

– Faut marcher comme sur des œufs !

Elle paraissait outrée de tant de maladresse.

– Puisque je suis passé !… riposta André, maussade.

La vieille Hirson le regarda :

– Derrière une belle fille, on passe partout…

Roger VERCEL*

Sous le pied de l'Archange

* Prix Goncourt en 1934 pour *Capitaine Conan.*

Fernand Fleuret, l'inclassable et inlassable écrivain.
Aucun commerce n'a été plus agréable ni plus fructueux que la fréquentation de Fleuret et de ses livres. Pascal Pia

SAINT-PAIR, GRANVILLE

FERNAND FLEURET, LE CHEVALIER DE LA MANCHE,

par Emmanuel POLLAUD-DULIAN

Quant à moi, je ne faisais rien
que de regretter la Normandie
et sonder l'abîme de l'avenir.
F. Fleuret

Mettre ses pas dans ceux de Fernand Fleuret, c'est retracer le voyage sentimental qui a formé l'imaginaire d'un écrivain aussi original que méconnu. Né en Lorraine en 1883, Fleuret choisit de faire couler dans ses veines le sang normand « avec son mépris des morales, des règles et des lois ». Animé par l'esprit de rébellion, ce catholique tourmenté s'identifie aux poètes bretteurs du XVIe et se veut « un libertin pour ceux qui croient ; un libertin pour ceux qui ne croient pas ».

Il a sept ans lorsqu'il découvre la Normandie. Fuyant un mari joueur et volage, sa mère cherche refuge auprès de ses parents, les Perrin, négociants retirés à Saint-Pair-sur-Mer. Mal accueillie, la fille prodigue s'exile en Angleterre et abandonne Fernand aux deux vieillards maussades.

L'enfant en blouse à col marin grandit dans une grosse villa sans charme qui tourne le dos à la mer. Il emmène son chien pour de longues balades à travers la campagne : « J'étais seul avec ma peine, en ce lieu qui ressemblait à mon cœur prématuré. Je n'ai pas entendu le fatal Ménétrier dont l'odeur de terreau flottait autour de moi, mais j'apprenais à te savourer en secret, harmonieuse enchanteresse de mes jours, Mélancolie ! »

Paysages et légendes lui façonnent « une âme d'autrefois ». Il rêve de jeunes filles vêtues comme au temps de Mozart, qui lui offrent des tartines de miel et du vin de Tokay, ou décide que les Perrin ont bâti leur villa sur le tombeau d'un chef viking, dont on a jeté les cendres à la mer et emporté le sarcophage au musée d'Avranches : « Ce sarcophage m'appartient et un jour je ferai un boucan de tous les diables pour rentrer en sa possession. »

Pensionnaire au petit séminaire de Mortain, il s'enivre du sombre romantisme des lieux : « Une plaine immense s'étend au pied de ce pays montagneux. Il y brille souvent plusieurs arcs-en-ciel qui mesurent l'étendue de sa tristesse. Des dolmens et des pierres levées, couverts d'un lichen lépreux, semblent attester que la terre est morte. »

Là, il découvre l'histoire de la chouannerie : « J'avais été séduit par les aventures, les coups de fusil à travers les haies. Guerre sans discipline, dont les héros amateurs étaient voués à la défaite certaine ! Que j'en goûtais l'élégance inutile et dédaigneuse ! » Son imagination, enfiévrée par les exploits de Charrette, transforme la cour de récréation en champ de bataille : « Les poches pleines de cailloux, haletant et couvert d'une noble poussière, je m'écriais : "Vive le Roi, Monsieur ! Nous avons défait ces faquins". »

Quand on l'enferme au lycée de Coutances, il se rebelle, perce le pot de chambre du pion, brise la bicyclette du censeur, frappe le professeur de gymnastique, tire un coup de pistolet et surtout écrit des vers au lieu d'étudier. Un poète ! Jules Perrin ne veut pas de ça chez lui.

Le retour des corsaires à Granville, 1806, Maurice Orange.
L'ancien repaire de flibustiers enchantait Fleuret.

On expédie Fernand apprendre un métier honnête dans les bureaux de l'Enregistrement, à Granville.

L'ancien repaire de flibustiers l'enchante : « C'était Naples, ou Marseille, ou Venise que Granville ; une virago dure, brave et gaie. » Dans *La Boîte à perruque*, publiée en 1935, il évoque sa jeunesse granvillaise avec sensibilité et nostalgie. Étourdi par les bruits et les odeurs du port, les matelots en vareuse bleue et les filles aux jambes nues, il néglige son travail. On le renvoie. Engagé par un courtier maritime, il passe son temps à bord des navires et partage le rhum de l'équipage. Jules Perrin s'entête et place le vaurien dans une banque. Fernand se console en portant un surcot de marin et rêvant qu'un brick l'emmène vers des pays de cocotiers, d'où il ne reviendra jamais. À la première inspection, ses livres révèlent une erreur de plus de cent millions…

Exilé à Jersey, au lieu d'y préparer le concours de Navale, il découvre la littérature anglaise et profite de la beauté des îles anglo-normandes, « si riantes et si libres de mœurs en ce temps-là », et des îliennes... Mais il faut bientôt quitter Jersey l'ensoleillée, pour Flers-de-l'Orne, petite ville sombre et désespérante : « La pluie quotidienne y noyait ma jeune énergie, et plusieurs milliers de galoches, aux heures de sorties d'usine, piétinaient inlassablement mes rêves en lambeaux. » Apprenti imprimeur, Fernand fuit dans l'alcool et des rêveries morbides, l'ennui d'une vie sans horizon. Par chance, Émile Dron, directeur du *Patriote normand*, le prend en pitié et, pour l'empêcher de boire, l'entraîne dans de longues marches.

Il lui ouvre aussi les colonnes de son journal. Un article de Fleuret attire l'attention de Charles-Théophile Féret. Ce petit homme, myope et timide, se veut « un Barbare, épris de luttes, de force » et se proclame le chantre de la race normande. « Je me venge, écrit-il, de ne pas être le chef d'une horde pillarde en claironnant les exploits des pirates. Et pour me soulager, je lâche de temps en temps ma plume, et je donne de grands coups de poing sur mon bureau. Ça danse ! » Fleuret tombe sous le charme de cet excentrique qui l'encourage à venir à Paris pour y accomplir sa vocation de poète.

Le suicide de Jules Perrin, en 1904, oblige sa famille à quitter Saint-Pair. À 21 ans, Fleuret est enfin libre et les éléments de son personnage et de son œuvre sont bien en place : l'amour de la vie et la hantise de la mort, l'indépendance et la solitude, l'alcool et la folie.

Ami d'Apollinaire, Gourmont, Dufy, Mac Orlan, il se façonne une langue volontairement démodée, riche en mots oubliés ou rares, pour fustiger le délire patriotique, maltraiter l'Académie et la Sorbonne, défendre les poètes baroques et la littérature de colportage. Lettré frivole, il dresse le catalogue de l'Enfer de la B.N. Moraliste libertin, il ferraille contre le conformisme et l'hypocrisie de son temps. En 1926, l'*Histoire de la bienheureuse Raton, fille de joie* soulève un tollé général. Racontant comment une jeune Normande, élevée selon les principes, se prostitue pour pouvoir entrer au Carmel, Fleuret, sous couvert de pasticher le roman libertin, dénonce un monde corrompu et féroce et se peint sous les traits de l'abbé Lapin, poète ivrogne, qui demande à Dieu « la grâce de rire et de faire rire. » En 1930, *Jim Click*, roman d'aventures à la Stevenson, s'en prend à une société qui réduit les hommes à l'état d'automates et persécute les rêveurs.

Le succès ne venant pas, Fleuret se noie dans l'alcool et la mélancolie. Un pèlerinage en Normandie, après la mort de Féret, le laisse désenchanté. « Je t'ai cherché, écrit-il, par le souvenir. Mais nous ne retrouvons rien. Adieu ! je n'ai plus de patrie. » La frontière entre rêve et réalité s'abolit dans sa vie comme dans ses livres. Des spectres le tourmentent. Interné en 1938, il va d'asile en asile, dépendant de la charité de ses amis, jusqu'à sa mort en 1945.

Marginal des lettres, Fleuret avait deviné l'ingratitude de la postérité : « Hélas ! je crains fort qu'aujourd'hui celui qui n'a pas connu la gloire de son vivant ne la tente encore moins dans l'avenir. » À lire cet auteur singulier, on ne peut que partager le regret de Pascal Pia : « Aucun commerce n'a été plus agréable ni plus fructueux que la fréquentation de Fleuret et de ses livres. J'aurais dû le dire plus tôt et montrer comment par une rencontre extraordinaire, l'érudition, l'humour et la poésie faisaient de Fleuret un personnage comme il ne s'en trouve que de loin en loin, et comme, peut-être, il n'y en avait pas eu depuis Nerval. » ■

Scènes granvillaises

On a beaucoup parlé de la *Granvillaise*, que Charles Nodier a si bien décrite dans *La Fée aux Miettes*. De mon temps, cette beauté espagnole, qui devait ses traits et son teint bistré à des aïeux ibériques employés à la construction du port sous la Restauration, cachait aux trois-quarts ses cheveux bleus sous une coiffe plate, d'une blancheur éblouissante, et surmontée d'un capot noir qui encadrait la figure et dessinait la taille malgré ses plis austères. De lourds pendants d'oreilles, faits, le plus souvent, de coquilles de moules serties d'or, donnaient à son visage un aspect encore plus étrange. Déjà, les jeunes femmes ne portaient guère plus ce costume, mais des pêcheuses qui, pour la plupart, avaient dépassé la maturité. La pureté, la fierté du profil, l'éclat d'ébène de leurs grands yeux, le charme de la coiffure, d'une simplicité merveilleuse, l'allure piaffante et nerveuse du corps en faisaient des femmes aussi troublantes que les Gitanes de Grenade. Telles étaient les Granvillaises du dimanche et des fêtes. Les autres jours, vêtues d'un court jupon, les jambes et les pieds nus, un panier et un filet sur le dos, elles arpentaient la route qui mène à Carolles ou Saint-Jean-le-Thomas pour aller pêcher le bouquet et la crevette. Elles faisaient, par bandes de six ou de dix, plus de cinquante kilomètres par jour, au pas de chasseur, avec des pieds incomparables, balançant les bras comme des soldats et chantant comme eux des chansons à l'accent viril. Le bronze de leurs bras et de leurs jambes m'émerveillait, ainsi que leurs dents de porcelaine, larges et laiteuses. Les jours de régates, elles tiraient l'aviron comme les hommes. Ah ! elles étaient bien les filles de celles-là qui roulaient des barriques de cidre contre les assaillants de 93 et portaient fièrement, comme des mouches, les grains de poudre reçus presque à bout portant sur les remparts !... La ville elle-même vivait dans un autre âge. Les bombes anglaises, posées sur les chapiteaux qui terminent les colonnes des vieilles portes cochères, étaient parées de ravenelles et de géraniums, et elles semblaient ainsi éclater de fleurs dans le haut-quartier chargé de remugles, d'odeurs de latrines et de poisson.

Comme au temps du *Chevalier Destouches*, les pots de chambre rêvaient sur le rebord des fenêtres, et l'on entendait en passant le long des chemins de ronde des voix impérieuses qui criaient : « Gare l'eau !... » On a changé tout cela et l'on pense que l'on a bien fait, mais c'était un merveilleux chasse-faquins ! Nous [...] appelions [les corsaires] des *horzains.* [...] Les hommes portaient le collier de barbe et des boucles d'oreilles, pour avoir, prétendaient-ils, une vue plus aiguë. Ils étaient vêtus de vareuses bleues, hiver comme été, d'une casquette de pilote, et de braies qui se terminaient par des sabots sur lesquels elles étaient clouées, et qu'ils nommaient des sabots-bottes. Ils portaient aussi un petit foulard de soie blanche, d'un effet cossu et « distingué » et ils serraient entre leurs dents un brûle-gueule toujours renversé, pour que le tabac ne se consumât pas au vent. Ce brûle-gueule était en terre de Southampton et représentait la vingtième partie de la longueur de la pipe neuve. D'un côté, l'on y voyait en relief le profil de la *Queen* en sa jeunesse ; de l'autre, une corvette toutes voiles dehors sur des vaguelettes à la Dufy.

Dans les rues de la basse-ville, des femmes déhanchées portant un éventaire de poires cuites criaient en fausset : « *La roulée ! la roulée !...* » à l'heure où les chandelles commençaient à s'allumer dans le petit jour ou que le *crachin* du soir tombait sur la ville, l'hiver. Alors, des cabarets qui formaient tous les rez-de-chaussée du port, les loups de mer que j'ai décrits sortaient en se dandinant et achetaient galamment la *roulée* avant de prendre la mer. Il y en avait aussi sur le pont du Bosc, petit fleuve côtier que l'on a recouvert ; ils tenaient là une sorte de Diète narquoise et taciturne. Sur les quais de ce Bosc, formés de deux trottoirs étroits, les lavandières frappaient le linge par les jours de soleil, et leur eau de savon allait porter aux huîtres du parc, aujourd'hui supprimé par hygiène, la crasse des hautaines gitanilles et la potasse, son antidote. Des portées de chiots et de chatons naviguaient le ventre en l'air, de conserve avec des rats morts de vieillesse, afin que, par la sagesse de la divine Providence, qui veut limiter le nombre des malheureux hommes, la Typhoïde ne s'éteignît pas. Et la Typhoïde passait glorieusement sous les chansons des lavandières et les applaudissements de leurs battoirs. Des hôtels d'apparence bonasse, construits sous l'Empire et la Restauration avec l'argent des prises anglaises, rêvassaient au bord du cours d'eau à des gloires anciennes, allègrement achetées par le sabre, le pierrier et le pistolet d'abordage. C'était Naples, ou Marseille, ou Venise que Granville : une virago dure, brave et gaie ; mais on a encore changé cela !..

Sur ce Cours Jonville, au long duquel coulait le Bosc à ciel ouvert, il y avait, et il est encore un kiosque à musique. C'était là que le dimanche, la musique militaire jouait la *Traviata*, la *Cigale et la Fourmi*, les *Pêcheurs de Perles*, ou *Poète et Paysan.* Tous ces instrumentalistes, jusqu'au triangle et au timbalier, étaient prix de Conservatoire, car, d'un consentement unanime et quasi séculaire, on garait, dans cet antique repaire de flibustiers, les paresseux, les délicats et les artistes des petits inconvénients du noble métier des armes ! Et là, passaient et repassaient, la hanche fringante et la gorge avantageuse, le bataillon des filles à marier, qui soupiraient pour le flûtiste de grand avenir, ou le jeune sous-lieutenant qui conduisait un tonneau attelé d'un poney pie, perdait au jeu cent francs par semaine, et portait monocle carré – vieille famille bretonne… Et puis, entre autres originaux, se voyait M. Derroux, de la Douane. Il suivait ses filles en comptant ses petits pas à haute voix : « Un, deux ! un, deux !... » et il tenait sa cigarette avec une pince à linge en métal…

Fernand FLEURET
La Boîte à perruque

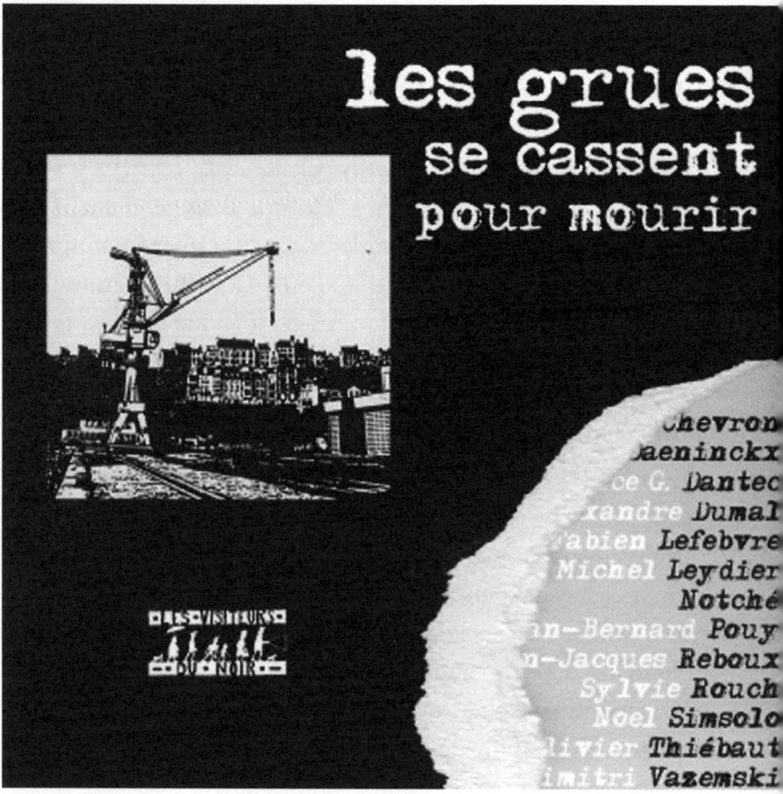

Les grues se cassent pour mourir, *un recueil de nouvelles policières pour fêter les dix ans du festival du roman policier de Granville.*

GRANVILLE REVISITÉE PAR LE *NOIR*,

par Fabien Lefebvre

C'était dans une petite ville de province, à cent lieues des banlieues chaudes et des grands centres urbains noyés par le fog. Un type qui adorait la menuiserie a ouvert un tabac journaux avec un mur entier consacré au polar, La Vache Noire. Je ne sais pas ce qui lui a traversé le crâne, mais en tous cas, il l'a fait. En plus, il s'est installé dans un quartier complètement paumé, ravitaillé par les corbeaux et hanté par des grenouilles de bénitier ! Notre ami était sans doute un peu ravagé de la citrouille, ou bien, c'est peut-être que dans une situation aussi scabreuse, il n'avait pas grand chose à perdre.

Au moment où tout le monde s'excitait à propos de la défense du patrimoine maritime qui est en voie de disparition, pendant que tout le monde se lamentait en rabâchant les mêmes histoires de bisquines et de Terre-Neuvas, il nous a ramené des chariots entiers d'histoires glauques et plutôt urbaines, écrites par des mecs tordus qui n'acceptent pas de peindre le monde à travers des verres déformants. Des Français, les auteurs, par poignées, mais aussi des Amerloques, vous savez, le genre grain de sable dans la soupe à la grimace. On a su plus tard que le menuisier avait dû être perverti au lycée d'Ivry par un éducateur un peu spécial qui diffusait dans sa boîte des films pas très nets et toute une littérature à moitié underground que le recteur d'académie ne bénissait pas – ce personnage devait lui même abandonner l'uniforme plus tard pour se jeter dans l'écriture sous le nom de Jean-Bernard Pouy. Alors, on s'est retrouvé à bouquiner des tas d'histoires lamentables et dramatiques de misère et de désespoir, avec des meurtres et des suicides par-dessus, comme si on n'avait pas assez d'emmerdements dans notre petit coin de paradis perdu. Mais c'était souvent dans des grandes villes ou dans des banlieues innommables, ce qui fait que ça nous changeait vachement les idées, on se sentait moins seuls ! Y'avait aussi des intrigues qui se déroulaient dans des ports pas tellement différents du nôtre, parce que les lascars qui se jettent dans cette littérature-là sont friands de décors humides balayés par des vents de tous les diables, peuplés de chômeurs sans espoirs, et là, on pouvait recoller au peloton.

Un jour, notre camarade a décidé d'inviter des écrivains en chair et en os, afin que ceux-ci dédicacent leurs ouvrages *in vitro* (je veux dire dans la haute ville de Granville) et ils sont venus simplement, par le train, pour rencontrer les lecteurs et on a vu débouler cette année-là, Pouy, Thiébaut et Dantec.

C'était une rencontre toute simple, sans chichi ni discours, mais ce fut le début d'une petite révolution culturelle pour le coin, vous pensez, on était loin des chants déchirants des marins perdus, loin des Chausey battus de brume, et des cornes du même nom, on basculait dans des univers actuels, urbains pour la plupart, on revenait à la réalité avec son cortège de misère et de désespoir sur fond d'abandon des illusions perdues. La montre et le calendrier faisaient un énorme bond en avant pour atterrir, si j'ose dire dans le temps d'aujourd'hui et on pouvait se rendre compte d'un seul coup qu'on était vivants et non les marionnettes d'un vaste musée à ciel ouvert. Ces écrivains trimballaient aussi une bonne dose d'humour et n'avaient pas leur pareil pour jouer avec l'écriture. Ce fut le début d'une belle histoire d'amour avec ces Visiteurs qui sont revenus tous les ans pour nous apporter de nouveaux livres, de nouveaux voyages. Jean-Bernard Pouy nous recommandait auprès de ses potes, il leur disait qu'il y avait plein ouest de Paris un petit port de pêche où ils seraient bien reçus, bonne bouffe, bons bistrots et chansons. Ils ont même été suffisamment sympathiques pour nous envoyer des textes, sortes de petites histoires qu'ils ont inventées à partir de photos du coin qu'on leur avait envoyées. Ces textes et ces photos ont fait l'objet d'un livre que les Visiteurs ont édité en 1996, livre dans lequel on découvre un Granville que les auteurs nous restituent, avec leur regard à eux, avec leur style et cette vision de la société qu'ils partagent tous, une vision sans complaisance et humaine à la fois, tendre et cynique mais porteuse d'espoir.

Au fil du temps, les textes et les rencontres se sont multipliés et tous les ans, en janvier, on remet le couvert, de nouveaux auteurs sont invités, les anciens reviennent.

On a vu des scènes pas croyables. Un samedi après-midi pourri, au *Bar de la Paix*, j'ai retrouvé Jean-Jacques Reboux au bar, en train de siroter une bière, il était censé rencontrer ses lecteurs, livre à la main ! On a rarement vu des lecteurs assidus dans ce genre de troquet, c'est plutôt pêchous et compagnie, Paris-Saint-Germain contre l'OM ! Le malheureux n'a pas du faire recette, il a pu cependant observer de beaux spécimens de la faune locale, observations précieuses pour un romancier. À cette époque-là, il avait encore son béret, béret qu'il a perdu ensuite, ou qu'on lui a volé l'année suivante, je crois surtout que les vents soufflent fort fin janvier à Landerneau. On a vu Maurice Dantec avant sa gloire médiatique ne pas dédaigner les comptoirs de L'Oiseau qui pue et goûter les langueurs océanes d'un patelin qui a toujours été répertorié en bordure de Manche. Qu'est devenu le béret de J.-J. ? Dans quelle cyber-dimension Maurice navigue-t-il ? Sylvie Rouch qui trempa dans l'affaire dès le début fut à son tour contaminée par le noir. Tout comme Chantal Pelletier, venue en thalasso à Granville.

Mais notre superhéros, notre père à tous est incontestablement Monsieur Pouy. Il faudrait vraiment une guerre mondiale, une épidémie mortelle pour que J.-B. nous boude. J.-B. à La Rafale ne ramène pas sa fraise. J.-B. est un saint homme ! Ça cache forcément quelque chose ! J.-B. ne nous fait jamais défaut, il a décidé de nous défendre contre vents et marées ! Il se doute bien que nous sommes une race en voie d'extinction, et c'est pour cela qu'il nous protège, il y a tellement de bleds où tout le monde a baissé les bras ! En fait, c'est partout la même chose, des histoires d'hommes et de femmes victimes d'une époque sans pitié qui ne pardonne rien aux plus faibles, ce sont des combines de fric et de recherche du profit qui laissent pas mal de monde sur le carreau, des projets immobiliers qui avancent comme des rouleaux compresseurs, terrassant des vieilles dames réfugiées dans leurs petits appartements gênants, obsolètes, des êtres bons pour la réforme, la casse. Et les romans noirs sont pleins de ces histoires là, qui vont parfois jusqu'au meurtre, au suicide, mais ils ne sont pas désespérants, loin de là, ils sont gonflés de tendresse et d'humanité mettant aux prises des gens comme vous et moi qui se débattent pour survivre sans abandonner leurs rêves d'enfants.

C'est pourquoi tous les ans, ça nous fait un bien fou d'accueillir tous ces auteurs, ces artistes qui se battent avec leurs armes pour défendre et construire un monde vivable, un monde riche et truculent. Il fallait voir Arno sur scène interpréter *Mother Little Helper*, à vous faire chialer un régiment de paras, les *Casse-Pipes* égrener leurs chansons plus noires qu'une fin de janvier à crédit. Et toutes ces tablées réunissant les auteurs, les lecteurs, les peintres et les autres pour casser la croûte au son d'un accordéon ou d'un saxo larmoyant, buffet froid pour tous et vin chaud pour les autres. Des nouveaux sont venus étoffer la première garde qui s'essoufflait un peu, des jeunes pas d'ici qui n'ont pas envie de moisir dans un musée à ciel ouvert et qui bossent toute l'année pour pouvoir construire ce délicieux rendez-vous hivernal qui ne peut plus ne pas exister maintenant. Il s'agit parfois du Nord, du Sud, du Départ, des Îles ou tout simplement des Dix ans cette année, tous les prétextes sont bons pour une invitation. Une race en voie de disparition mais qui est plutôt coriace que celle des « Visiteurs du Noir » ! ■

Jean-Bernard Pouy a décidé de nous défendre contre vents et marées ! Il se doute bien que nous sommes une race en voie d'extinction.

La soupe de bulots

Un jour, un matin, un soir, je ne sais plus, un petit malin granvillais (ou bien, à mon avis, plutôt des environs) s'est cru intelligent de me donner des précisions sur les bulots, vous savez, ces goûteux escargots de mer à cause desquels une suspicion règne sur ses frères terriens, comme quoi ces derniers ne seraient que des morceaux de pneus rechapés, parce que, c'est bien connu, y a que la sauce qui compte, alors que les bulots, eux, y a pas de sauce, brut de cuisson, ils sont, en général, sans rien d'autre, à peine quelques herbes odorantes pendant qu'ils cuisent au court-bouillon, oui, c'est vrai, une bonne mayonnaise est souhaitable, mais ce n'est pas obligé, bref, ce crétin de basse Manche m'en a raconté des vertes et des pas mûres comme quoi, par exemple, un exemple pris parmi d'autres, il faut bien le préciser, et ceux qui ont le cœur qui se soulève facilement, qu'ils sautent quelques lignes ou bien qu'ils lisent de traviole, en biais, donc, quand on trouve un cadavre dans la baie, un de ces pauvres accidentés, pêcheurs ou touristes avalés par les flots impétueux, les marées qui cavalent plus vite qu'un canasson et les attaques nocturnes de la perfide Albion, eh bien, autour de leurs yeux, de la bouche et du trou du cul, il y a toujours plein de bulots, et quand on vous raconte ça, on pense que c'est fini pour les bulots, qu'on en mangera jamais plus de ce gastéropode suceur d'intérieurs humains, et puis, peu à peu on se dit que c'est peut-être une chance d'être cannibale, enfin, par procuration, et puis on oublie, enfin, pas tout à fait, moi j'y pense toujours, parce qu'un autre jour, il y a même quelque temps déjà, lors d'un ancien festival polar, toujours en janvier, des fois y a du vent, des fois de la pluie, on s'en fout parce qu'on peut toujours se réfugier à « La Rafale », eh bien, sur le port, il devait vaguement y avoir une tente pour nous protéger de la sauce tombant du ciel, on nous avait servi de la SOUPE de bulots, oui, de la soupe, il y avait une grosse bassine en fer blanc, sur un réchaud à gaz, et nous, en trépignant, parce qu'on se mettait vraiment à avoir les pinglots aussi glacés que le Commandant Picard, et l'on regardait ce brouet camaïeu, dans les marrons, terre de sienne, terre d'ocre [...], et puis, après, on en a lapé, de cette soupe, et c'était chaud, et c'était parfumé, et c'était rudement bon, j'en rêve parfois, j'en ai jamais rebu, il paraît qu'en plus c'est un secret, que la manière de la fabriquer, au moins industriellement, est déposée, protégée [...], alors que c'est un délice, un vrai délice, du moins ce jour-là, sous la pluie et sous la tente, c'était délicieux, on avait même appelé ce plat de prince : le maréchal von Bülow, et, même après tout ce qu'on m'avait dit sur les bulots, les yeux, le trou du cul des cadavres, tout ça, même maintenant j'ai envie d'en reprendre de cette soupe inégalable, alors, du coup je me persuade que les bonnes choses, même quand elles ont tendance à disparaître, on les trouve encore plus sublimes, c'est comme le reste, c'est comme les rails, le train dans la ville, les saucisses au marché du samedi, le vieux port, la « Vache Noire », le seul tabac-polar ayant existé dans le monde, bref tout ce qui fait de Granville une ville grande. Et toc. Ça, c'est du bulot. Du boulot, pardon.

Jean-Bernard POUY, *Les grues se cassent pour mourir*

Alain Hervé, navigateur, écrivain, journaliste, bourlingueur.
J'ai sans arrêt largué les amarres pour aller renifler les latitudes maritimes, arpenter les îles, écouter la musique du silence.

CHAUSEY

LE DICTIONNAIRE DE MA MANCHE,
par Alain HERVÉ

CENTRE DU MONDE

J'ai eu la chance d'y naître. Je veux dire à Granville, Manche. Avant d'avoir compris ce qui se passait, on me faisait prendre la mer, j'étais déjà arrivé à Chausey. J'avais deux mois. Pendant toute mon enfance, j'ai assisté au déploiement des marées, à la révélation du grand erg des fonds qui se dévoilent, à la précipitation du retour des eaux. À satiété le grand spectacle géologique. Je ne m'en suis jamais remis.

CHAMBRE DE COMMERCE DE GRANVILLE

Mon grand-père maternel, Léon Ernouf, cap-hornier, capitaine au long cours retraité, en était le secrétaire général. Dans son appartement : la panthère empaillée, les éléphants de faïence, les chaises turques. Mon placenta fut enterré dans le jardin au pied de deux palmiers de Chine et d'un bouquet de bambou. Il y avait un bassin noir sans fond qui communiquait avec les enfers. On m'interdisait de m'en approcher. Ce lieu est devenu un parking. J'ai suivi ensuite la piste des palmiers et des bambous.

CHAUSEY

Embrassant le cercle de l'horizon autour de soi, on prend sans arrêt la mesure de l'espace où l'on vit. À tel point qu'on croit ne jamais pouvoir se résigner à descendre du train gare Montparnasse, s'enfoncer dans le métro, se mêler aux foules urbaines, respirer l'air moisi des centres commerciaux, lire des journaux qui ne parlent jamais de la mer, mais d'absurdes histoires politiques. Et puis on se fait à tout, parce que l'homme est ainsi fait. Mais on se souvient que l'on sait allumer un feu avec du bois d'épave, gober un œuf de mouette (pas vraiment délicieux) ou dénicher un homard ou un congre hors de son trou avec une gaffe, ou passer une nuit en plein air sur un îlot, roulé dans un duvet, avec pour veilleuse Orion qui dérive d'est en ouest tout au long de l'obscurité. Je me suis trimballé pendant toute ma vie avec un système de référence complètement inadéquat pour participer à la vie en société et pire, urbaine. J'y suis peut-être, mais je n'en suis pas vraiment. J'ai appris à y vivre, mais je désapprouve en douce son mode de fonctionnement, ses codes barres, ses modes cultes, ses pipoles de pacotille, son bigotisme scientiste, ses philosophes stériles, son abattoir de cerveaux qu'est la télévision. Je me suis appliqué à pratiquer un métier qui me permettait de prendre le large. J'ai sans arrêt largué les amarres pour aller renifler les latitudes maritimes, arpenter les îles, écouter la musique du silence.

GAVRAY

Les meilleures terres de la Manche pour la production du beurre, disait-on dans ma famille. Nous avions une ferme à la Bloutière, aujourd'hui survolée par les lignes à haute tension qui alimentent la Bretagne qui a refusé les centrales nucléaires mais ne refuse pas l'électricité.

GUILLAUME

Sa fuite de nuit, seul, à cheval, dans les marais d'Isigny, il passe la Vire au gué de Saint-Clément. Il contourne ses vassaux réunis à Bayeux, qui complotent pour le tuer. Il a dix-sept ans. Il se réfugie dans son château de Falaise. Nous sommes en 1046.

Alain Hervé, enfant, entre son grand-père, Léon Ernouf, capitaine au long cours, et sa cousine (1934).
Avant d'avoir compris ce qui se passait, on me faisait prendre la mer, j'étais déjà arrivé à Chausey. J'avais deux mois.

IMAGO MUNDI

Image du monde, constellation éclaboussée sur les sables, archipel des îles Chausey. Nous lui consacrons un livre avec Yves de Saint-Front, lui pour la peinture, moi pour l'écriture. Ça ressemble à ce que nous voulions en dire, l'histoire d'une suite d'instants stupéfiants : terrible mer, terribles rochers, terribles nuits, terribles vents, terribles courants, hommes terribles.

LA LUCERNE

Pour aimer les pierres froides de l'abbaye et prier, même si on croit autrement. Pour suivre l'office de la nuit de Noël. Pour se souvenir de l'abbé Lelégard, furieux reconstructeur ici et à Pirou.

MENACE

L'usine de retraitement et de stockage de déchets nucléaires de la Hague. Célébrer Didier Anger, militant écologiste de la Manche.

CHAUSEY

MER
Il y avait au XIXe siècle davantage d'inscrits maritimes en Normandie qu'en Bretagne.

MONT-SAINT-MICHEL
Les épuisantes visites de l'enfance. La découverte de sa folie et de sa mystique à soixante ans. Jusqu'à en faire un livre, avec Jean-Loup Ève. Dans ses dessins il rêve l'œuvre des architectes inconnus et des maçons qui jetaient le granit loin là-haut, au-dessus des marées.

PALMIERS
Pour les voir en gloire, le jardin de palmiers et de plantes antipodiques, de Guillaume Pellerin, à Vauville, l'homme, un fort caractère, le jardin, un des plus inventifs de France.

POT-AU-FEU
Le meilleur de ma vie chez Bernard Roy à Pont-Hébert.

RIDEAU CRAMOISI
Une auberge tout en couleurs à Saint-Sauveur-le-Vicomte. On traverse la rue pour trouver Barbey d'Aurevilly dans sa maison, avec ses manuscrits, avec ses flèches, ses personnages, ses paysages.

SAINT-MALO
J'en suis par mon père et mon nom. Je suis un métis breton-normand ou bien je suis de la Baie.

TRISTESSE
L'architecture dite de la reconstruction, mélange affligeant de platitude et de prétention, à Saint-Lô et ailleurs.

VENTS
Viennent de l'ouest. Poussent devant eux vite, vite pluie et soleil. En tirant des bords on part vers les îles du bout du monde.

VILLEDIEU
Au XIXe siècle, mon arrière-grand-père maternel possédait et gérait l'entreprise de fonderie de bronze Viel-Dupont, sur la place de l'Église. J'y ai passé mes vacances pendant la dernière guerre, lorsqu'il était interdit de fréquenter le littoral. De la fenêtre du premier étage, j'observais le spectacle du marché le samedi matin : les carrioles à cheval, les mottes de beurre dans les feuilles de chou, la pièce de cent sous pour goûter le beurre, les jupes noires superposées des vendeuses, les blouses bleues des paysans, les chevaux qui pissaient au milieu du marché, les soldats de la Wehrmacht à vélo, en bottes de cuir noir graissées.

VENISE
Chausey, et Venise, l'eau, les rêves en commun, tout les sépare. Ils communiquent par le dessous, par le chemin des poissons. Parce qu'on s'y déplace à pied, on ne cesse de monter et descendre des bateaux, la nuit on entend le silence, ses hommes célèbres sont des peintres ivres de couleurs, les maisons y sont des cavernes, on y chante l'amour au rythme du clapotis sous la fenêtre, on y mange des sardines confites dans le vinaigre, *sarde in saor*, et des spaghetti au crabe sur les *zattere* face à la mer et au soleil. On y lit Corvo, Witkop, Baffo, Woolf, Nabokov, Cingria. Des bateaux passent paquebots et chalands. On godille derrière la façade des îles. À Chausey, à Venise, on y écrit ce qu'il faut. ■

Au cœur de la carte des îles

Emporter la carte avec soi ou bien l'oublier au coin du feu ?
Prendre le risque de s'échouer, de se perdre dans la brume ?
Inventer le territoire et le baptiser de nouveaux noms ?
Ou bien ne jamais partir, rester à rêver devant la carte ?

Assis devant la fenêtre qui s'ouvre sur la mer bleue et sur les îles vertes de Chausey posées sur leur socle de rochers bruns, je rêve d'une carte absolue. Elle décrirait tout ce que je vois, mais aussi ce que j'entends, un chien qui aboie, un moteur hors-bord qui s'éloigne et encore derrière, les cris d'oiseaux de mer sur le Grand Colombier et aussi cette très légère odeur de vase dans l'air immobile surchauffé.

Carte vertigineuse, qui se déploierait dans toutes les dimensions de l'espace et du temps. La mémoire y apparaîtrait avec son collage d'images souvenirs : le grand incendie de brousse suivant un feu d'artifice qui avait embrasé toute l'île de Grande Fourche, dragon à dos de flammes dérivant contre le courant de marée du Sund.

J'imagine une carte qui ne rendrait pas seulement compte des contours du paysage, mais aussi de la beauté. Dirait le bleu turquoise de l'eau sur les bas-fonds de sable, la lumière blanche, vernissée des coques des bateaux, le nuage de mouettes qui suit un chalutier et, au-delà, le ciel plombé de chaleur qui dissimule le continent.

« Il ne faut pas confondre la carte et le territoire », cet avertissement, aussi ancien que les premiers cartographes,

La Grune, la Clarisse, la petite Helluaire, le Tout ou Rien, la Nuit des Pas... l'archipel à rêver.

laisse insatisfait. Peut-être faudrait-il dire : il n'y a pas de carte sans territoire, le territoire n'existe qu'à partir du moment où il est cartographié. La carte de l'archipel de Chausey, au large du Cotentin, ressemble-t-elle à un amas d'étoiles, à un impact de météorite ? Peut-être. Un éblouissement de points noirs sur le papier blanc.

Les géologues parlent minéralogiquement d'un socle de onze kilomètres de long par cinq de large, surgi des profondeurs du magma terrestre, il y a des millions d'années, et que la mer et le vent auraient sculpté chaque jour depuis cette date, travaillant avec leur outil, l'érosion.

Et chaque jour, lorsque je me promène à petits coups de pelle d'aviron entre les blocs de granit déchaussés de leur gencive de vase et de pauvre terre végétale, je vois cette érosion fissurer un « caillou », comme l'on dit ici de ces monolithes mastodontes, en déplacer un autre, le soleil, la pluie et les lichens les ronger. Sans raconter la longue histoire des carrières débitant des milliers de mètres cubes de bordures de trottoir pour Paris, de pierres de taille pour Londres ou le Mont-Saint-Michel ou les quais de Granville. À tel point que je m'étonne que ces fragments de continent subsistent encore. Lavés, rincés, gelés, fouillés, secoués par l'océan comme un sucre dans une tasse. Obstination de la pierre . [...]

Ce qui m'importe, c'est de savoir si la carte m'aide à mieux voir le territoire, lorsque je me déplace à mi-marée, à la voile, entre les îles. Rarement je l'emporte avec moi, souvent je la regrette. Non que je craigne de m'échouer sur un seuil de sable, mais j'aimerais savoir très précisément comment s'appellent les lieux sur lesquels je navigue.

Ce tas de cailloux qui montre à peine ses dents jaunes, est-ce la Petite Roche à l'Homme ou bien le Rocher Béni ? L'Anse à Moulin se trouve-t-elle au sud ou au milieu de Longue-Île ? Doubles ivresses qui ne peuvent se superposer. Celle de la carte que je parcours des yeux, assis dans un canapé à l'abri du vent dans la chambre. Anticipation du parcours, après avoir jeté un coup d'œil à la girouette. Vent de nord-est, je vais tirer un long bord à partir du Tonneau, passant sur les traces brunes sous l'eau de la Pointe à l'Épée, je vais remonter le long de la Grune à l'Almire, passer dans les Turcs, la Clarisse, la petite Helluaire, dépasser le gros Ménard, longer la Meule par le Tout ou Rien, traverser le Sacaviron et ramasser des pierres plates sur l'île aux Oiseaux. Je rentrerai par le chenal du Cochon.

Et l'ivresse de la navigation sans carte. L'air coule vif entre la bordure inférieure de la voile et le plat-bord du canot. Le clapot cogne avec son bruit sec sous les joues de l'étrave. La lumière se décompose en flashes sur chaque vaguelette. Les goélands, les albatros, les huîtriers s'élèvent au-dessus des îles lorsqu'ils entendent le bruit de mon approche. Je sens sous le vent l'odeur d'écurie, d'années de fientes d'oiseaux et de rats mal lavés par la pluie. Un bord tiré au soleil et le suivant à l'ombre de la voile. Tentation de s'arrêter pour ramasser un madrier, repéré aux jumelles, grimpé par la dernière grande marée jusqu'au haut de Plate-Île. Tentation de prendre un bain, lorsque la mer montante se chauffe sur le sable dans la baignoire à Otto du Château. Et si je redescendais jusqu'aux Oiseaux ? Mais il faut laisser le passage à une goélette de Jersey qui se presse au moteur, pour profiter du courant, en route pour la Nuit des Pas.

Îles brutales, meurtrières, archipélagiques en hiver. Les embruns glacent. Le brouillard les enfouit soudain dans une opalescence de limbes. On n'attend plus que d'y rencontrer des noyés.

Fraîches, douces, polynésiennes en été, composant des lagons, des cayes, des laitances d'eau mince sur le sable. Toutes roses au petit matin vers six heures. Homère l'observe, le note comme un refrain dans l'*Odyssée* – « aurore aux doigts de roses ». Quelle heure était-il lorsque je me suis levé pour pisser ? Les oiseaux n'avaient pas cessé de crier toute la nuit. Les vers luisants étaient éteints. Le phare promenait encore la soucoupe volante de son rayon sur les îles.

Les bateaux dormaient au mouillage, sous leur feu de tête de mât. On voyait là-bas le continent normand avec ses promenades de réverbères, et peut-être des étables qui s'éveillaient sous une ampoule unique.

On restait loin dans les îles, au cœur de la carte des îles.

Alain HERVÉ

La Proximité folle du paradis

Le château de Cerisy-la-Salle.
Tous les habitués le diront, il y a un style et un « mythe » Cerisy. Avec le temps, on en revient un peu, on se familiarise, on s'habitue, on en sourit, mais tous témoignent de l'émotion du premier choc.

CERISY-LA-SALLE

LES COLLOQUES DE CERISY, LE GRAND EXAMEN,
par Arlette ALBERT-BIROT

> « *J'ai demandé à l'auteur du* Rivage des Syrtes *s'il se rendrait au colloque Julien Gracq annoncé pour 1991.*
> *– Ah non, m'a-t-il répondu, j'aurais trop peur d'échouer à mon propre examen !* » Michel Tournier.

En juin 2001, je passai à Cerisy pour emprunter quelques volumes. Par le plus grand des hasards, j'arrivai au moment même où des participantes nippones au colloque « Michel Foucault : la littérature et les arts », faisaient leur entrée. Je n'oublierai jamais le visage des deux jeunes femmes : il était évident qu'en franchissant le pont du château elles réalisaient un rêve, et que le rêve était à la mesure de leur attente. La pierre, l'espace, le soleil, les prés vert tendre avec vaches et pommiers au lointain, l'austérité souriante du lieu : leur regard rapide et panoramique avait tout embrassé, y compris le bel escalier ciré montant à l'étage, y compris le remue-ménage discret, souriant, chaleureux, provoqué par leur arrivée. En un éclair, elles me rendirent mes premières et lointaines impressions. Tous les habitués le diront, il y a un style et un « mythe » Cerisy. Avec le temps, on en revient un peu, on se familiarise, on s'habitue, on en sourit, mais tous témoignent de l'émotion du premier choc.

En 1952, Anne Heurgon-Desjardins reprit la tradition des lointaines Décades de Pontigny (Yonne), fondées par son père Paul Desjardins en 1910. La jeune femme avait vécu dans cette atmosphère unique où évoluaient d'exceptionnelles personnalités : André Gide, Roger Martin du Gard, Jean Schlumberger, Jacques Copeau, François Mauriac, André Malraux, Jean Paulhan...

Elle eut toute l'énergie et le talent pour prendre la relève, bien entourée par quelques figures de la période de Pontigny, bien secondée par des fidèles comme Maurice de Gandillac, Francis Ponge, Clara Malraux, les Clancier, Jacques Le Goff et d'autres que l'on retrouve au fil des pages de l'indispensable petit ouvrage de Claire Paulhan *De Pontigny à Cerisy, un siècle de rencontres intellectuelles* (IMEC, 2002).

Et Cerisy trouva son erre, à la fois haut lieu de réflexion politique, au sens le plus noble, et de méditation sur des sujets scientifiques ou philosophiques à la pensée hardie[1], cependant que défilaient les écrivains, présents la plupart du temps alors qu'on examinait leur œuvre : Heidegger (1955), Toynbee (1958), Ungaretti (1960), Queneau (1960)... Beaucoup, hors décades, trouvèrent à Cerisy un havre amical, le plaisir d'un moment studieux ou tout simplement de détente, et les frondaisons virent séjourner les Ionesco, les Touraine, Jean Follain, Clara Malraux... Anne Heurgon se rappelait l'année de votre premier séjour, la chambre que vous aviez occupée – délicatesse d'une hôtesse au rude accent bourguignon hérité de sa nourrice, ce qui asseyait encore son autorité que nul ne contestait d'ailleurs.

Après sa disparition, Catherine et Édith, ses filles, prirent courageusement le relais. Tout fut pareil et différent.

1. Par exemple : Théâtre de notre temps (1952), Abstrait et concret dans les arts plastiques (1953), Science nouvelle (1960), Planning familial (1961), Pensée artificielle, pensée vécue (1963), Tel Quel (1963), Sexualité (1965), Surréalisme (1966), Georges Poulet et les chemins actuels de la critique (1966).

Colloque sur le surréalisme, 9-19 juillet 1966. De gauche à droite, Clara Malraux, Pierre-Albert Birot et Jean Follain.

Le succès international de Cerisy s'affirmait ; il fallut multiplier les rencontres – de juin à septembre, ce dernier mois davantage consacré à des questions plus spécifiquement normandes –, faire subtilement cohabiter plusieurs colloques (et quelle discrète satisfaction lorsqu'un intervenant ou un sujet, sait attirer un assistant de « l'autre » colloque !). Pendant une semaine, on devient les « Textiques », les « Calendriers », les « Baroques », les « Merveilleux », les « Poètes maudits », les « Réécriture », les « Catastrophes », les « Misogynes », les « Vampires », quand ce n'est pas « les Malraux », « les Chateaubriand », « les Colette », « les Freud », « les Derrida » ou « les Barbey » (d'Aurevilly s'entend).

L'union se fait autour des grandes tables de réfectoire où, c'est la règle implicite, il est de bon ton de ne pas occuper une place fixe : les repas permettent de rencontrer l'autre, inconnu si possible. Le délicieux Plantu le comprit bien, qui s'arrangea, lors de son séjour, pour occuper à peu près tous les sièges, afin d'être plus disponible. Cerisy, ce pourrait être encore des tables de jardin couvertes de tasses, le café ralliant les hôtes ; mais aussi des soirées conviviales, autour d'une vidéo, d'une exposition, d'un spectacle – depuis que la Grange est aménagée, ils s'étoffent et se multiplient. Mais encore le ping-pong, la danse, les expéditions pour le bain – scepticisme poli des horsains devant le courage des « indigènes ».

Cerisy est tout à la fois un lieu de mémoire et de vie, l'un nourrissant l'autre. Loin de l'agitation urbaine, ces rencontres internationales d'intellectuels jouent un rôle capital. Peu de lieux permettent de faire ainsi le point sur des sujets larges ou pointus, classiques ou insolites ; même courtoises, les discussions peuvent être âpres, jamais complaisantes ou consensuelles. La liberté de pensée et d'expression règne à Cerisy. En juillet 2002, le CCIC (Centre culturel international de Cerisy-la-Salle) décida qu'un grand colloque ferait le point, *Pontigny, Cerisy, dans le siècle*[2]. Pas seulement une célébration, méritée certes, mais aussi l'occasion de relancer la dynamique, d'inviter à une relève insensiblement manifeste. Le 23 juillet 2002, Jacques Derrida – qui devint l'hôte et l'invité très assidu de Cerisy – évoqua avec émotion ses premières visites au château normand et l'attention qu'il porta à la galerie de portraits des maîtres qui avaient « fait » Pontigny et Cerisy, Paul Desjardins en tête. Le déraciné trouva là des racines, il le dit et sut exprimer, tout simplement, son bonheur de trouver sa propre photographie parmi eux, et en compagnie de quelques contemporains marquants d'une grande aventure intellectuelle du XXe siècle. ■

2. *S.I.E.C.L.E, Colloque de Cerisy, 100 ans de recontres intellectuelles de Pontigny à Cerisy*, collection Inventaires, Éditions de l'IMEC, 2005, 544 p.

Cerisy-la-Poésie

L'austère beauté du château de Cerisy-la-Salle s'est inscrite à jamais dans ma mémoire dès mon premier séjour en ce lieu de pensée et de poésie.

C'était en août 1959. Mon ami le poète Jean Lescure, m'avait demandé un thème de colloque, thème que nous proposerions à la « châtelaine » de Cerisy, Anne Heurgon. Je connaissais déjà la vaillante et généreuse fille de Paul Desjardins, l'inventeur des Entretiens de Pontigny. Elle sut assurer brillamment l'héritage spirituel en son château normand.

Je proposai donc une décade « Poésie et roman ». Jean Lescure et moi-même en fûmes les co-directeurs. Dès lors, le charme de la noble et vieille demeure, de ses pierres et de ses hôtes, ne cesserait de m'enchanter.

L'année suivante, Jean Lescure me convainquit de diriger avec lui une décade « Raymond Queneau ». J'en choisis le titre : « Raymond Queneau, une nouvelle défense et illustration de la langue française ». Du 1er au 11 septembre 1960, un public nombreux goûta le charme poétique et l'aspect souvent romanesque de la vie de château… cerisyenne. Dominique Arban, excellente critique du *Figaro littéraire* divisait ce « public passionné » en deux groupes, non pas selon les amateurs de romans d'une part, les amoureux de la poésie d'autre part, mais en queneaulâtres et en queneauphiles. Cette décade, qui fut donc passionnée et passionnante, demeurera d'autant plus historique qu'elle

fut à l'origine de la fondation par Raymond Queneau et le scientifique François Le Lionnais, de l'Ouvroir de Littérature Potentielle, l'OuLiPo, lequel continue depuis lors à mener ses recherches et à produire proses et vers.

Dès ces rencontres, j'avais remarqué combien les poètes se sentaient à Cerisy en pays de connaissance : Jean Follain d'abord, le cher et grand voisin, l'admirable poète de Canisy, et mes amis, nos amis, André Frénaud, Guillevic, Tardieu et tant d'autres disciples d'Orphée.

À Cerisy, la présence des poètes n'a cessé de se manifester, et cela non seulement à la faveur des rencontres et des décades prenant pour thème des œuvres poétiques du XXe siècle mais au sein de maints autres colloques, notamment ceux – souvent initiés par Anne Clancier – joignant les lettres, les arts et la pensée psychanalytique. Ainsi relisant les extraits des discussions faisant suite aux communications de la décade « Art et Psychanalyse », je remarque la grande qualité, l'originalité, la profondeur des interventions de poètes comme André Frénaud et Guillevic.

Cela dit, je garde tout particulièrement un souvenir ému des semaines et des décades vouées à la poésie auxquelles j'ai pu assister ; par exemple, en 1979, la première décade d'une série inventée par Édith Heurgon et réunissant deux ou trois poètes selon leurs « affinités électives » ; ou la rencontre initiale sous le sigle C.G.T., bien qu'elle ne concernât point le syndicalisme, mais un trio de poètes amis : Clancier, Guillevic, Tortel.

Un autre été, poursuivant cette série de rencontres, eut lieu la belle décade Frénaud-Tardieu à laquelle j'eus le bonheur de participer et dont je garde un souvenir fervent.

Hélas les chers Guillevic, Tortel et Frénaud et Tardieu, comme Jean Follain, comme Raymond Queneau ne sont plus. Mais, pour moi, et j'en suis sûr pour bien d'autres fidèles de Cerisy, leur visage, leur voix, leur regard et, secrètement leur être poétique même, demeurent à jamais liés à certains moments où soit leur silence, soit leur parole transmettait et nous faisait partager intensément leur émotion – par exemple quand ils sentaient comprise et aimée avec une chaleureuse pertinence, leur poésie.

La gratitude que j'éprouve pour Anne Heurgon qui, dans l'esprit même de Pontigny ouvrit grandes les portes, les salles, les jardins de Cerisy aux poètes, je l'exprimerai de nouveau à Catherine et Édith qui font dans leurs programmes une place importante à la poésie vivante.

Pour ma part, cette « chaleureuse pertinence » que j'évoquais à propos de mes amis, je l'ai maintes fois ressentie ici même, et tout particulièrement au cours de la décade qui en l'an 2001, sous l'aimable et efficace direction d'Arlette Albert-Birot fut consacrée à mes écrits – de poésie et de roman – ce que je perçois parfois comme un secret écho à la première « rencontre » qui, en 1959, me mena en ce château auquel je donne le nom de Cerisy-la-Poésie.

Georges-Emmanuel CLANCIER

L'expérience « contre-institutionnelle » de Cerisy

D'abord je me réjouis.

Oui, je me réjouis d'être de nouveau en ces lieux cet été et de me trouver, pour parler de la philosophie à Cerisy, aux côtés de Maurice de Gandillac et de Kostas Axelos. [...]

Bien que cette séance soit consacrée ou réservée à la philosophie, [...] je crois pouvoir avancer que toutes les décades auxquelles j'ai participé — même quand leur titre ou leur nom propre faisait signe vers la littérature ou la poésie, [toutes ces décades] furent aussi, de plein droit, des moments philosophiques, des aventures intensément philosophiques [...].

Inversement, quant aux décades dont on reconnaît plus facilement une thématique expressément philosophique, elles furent aussi traversées par des questionnements, des incursions, des excursions, des analogies qui n'étaient pas reconnues, selon les conventions légitimes et l'institution des disciplines universitaires, comme « philosophiques ». J'insiste sur cette richesse et sur cette liberté dans le passage des frontières disciplinaires ou académiques parce qu'elles me paraissent propres à ce que j'appellerai l'*expérience contre-institutionnelle* de Cerisy.

Qu'est-ce donc que l'expérience contre-institutionnelle de Cerisy ? [...]

Colloque « Raymond Queneau, une nouvelle défense et illustration de la langue française », *1960. De gauche à droite, D. de Gandillac, B. Schlemmer, l'abbé Morel, A. Memmi, J. Follain, R. Queneau, A. Frenaud, G.-E. Clancier, F. Gaillard, E. Heurgon, C. de Gandillac.*

Quand on vient à Cerisy, on sait qu'on va vivre tout près et très loin à la fois d'amis qu'on connaît bien et depuis longtemps, d'autres qu'on connaît peu et depuis peu, d'autres qu'on n'a jamais rencontrés, et qui, tous et toutes, et de toute façon, vont dire et faire des choses imprévisibles qui vous toucheront de près, incalculablement. (À propos du « toucher », sans vous imposer une fois encore un discours philosophique sur le toucher, je me rappelle ce que me disait il y a à peine plus d'un mois, ici même, lors de la décade de juillet, une collègue et amie portugaise que précisément je n'avais jamais rencontrée auparavant ; cette remarquable philosophe était sensible, vulnérable, d'une extrême timidité, d'une discrétion rare et même pendant sa communication, elle n'éleva jamais la

On ne sait donc jamais à quoi et à qui s'attendre... au cours des « journées de Cerisy », dans ce lieu à la fois plus ouvert et plus fermé qu'un autre, où la plus grande liberté est promise dans le risque même d'un délicieux enfermement.

voix au-dessus du murmure de peur d'être impudique ; or à la fin de la décade, tout en me disant combien elle avait été heureuse d'y participer, elle me confia sa surprise devant la facilité avec laquelle les gens ici, dit-elle, « se touchaient » – ce fut son mot, pour décrire la familiarité, les effusions familiales de tous ces amis qui s'embrassaient tous les matins au petit-déjeuner, hommes et femmes, parfois entre hommes même, et se tenaient par le cou ou par la taille en se faisant photographier.) On ne sait donc jamais – à quoi et à qui s'attendre, à cause de cette tension entre une proximité intime, chaleureuse et la solitude abyssale, la dispersion ; mais aussi, surtout, on ne sait pas du tout ce qui va se dire, et donc ce qu'on aura à vivre et à faire, à accepter ou à discuter au cours des « journées de Cerisy », dans ce lieu à la fois plus ouvert et plus fermé qu'un autre, où la plus grande liberté est promise dans le risque même d'un délicieux enfermement.

Jacques DERRIDA

Cerisy, côté salle

Pontaubault tourna brusquement le volant vers une route secondaire, conduisant à Cerisy-la-Salle.

– Vous connaissez ?

Chantal faisait non-non avec l'air d'une fillette privée de bal.

– Vous habitez Lihouville, et vous ignorez ce haut lieu où souffle la modernité ?

Il expliqua comment écrivains et professeurs se retrouvaient là, chaque été, pour des « décades » aux thèmes savants. Chantal ne suivait pas. Elle se laissait porter par l'ébriété verbale de Pontaubault. L'Austin ne tarda pas à atteindre le château de Cerisy. Passé une barrière blanche, une allée bordée de pelouses descendait vers un manoir en granit sombre. Les tours d'angle et les toits d'ardoise étaient mangés de mousse. Des meubles de jardin barraient l'entrée d'un pont-levis. La pluie avait cessé. Un rectangle de ciel bleu se déchirait derrière les cheminées massives. Pontaubault fit signe à Chantal de se garer du côté des communs. Il l'entraîna vers la bibliothèque transformée en salle de conférences.

– Du XVIIe siècle sans génie, ça ne vaut pas le berceau de ma famille, dans le Poitou, mais c'est d'une tristesse attachante. Il faut voir ça rempli d'intellectuels en sandalettes et de névrosées en jupes paysannes, gitane au bec...

La « décade » de l'été avait été consacrée au « grand siècle russe ». Chantal était intimidée. Elle entrait dans un lieu de culte dont elle ignorait les rites.

– Ici s'exténue l'impossible glose ! déclama Pontaubault en s'installant à la tribune. Ici s'achève le règne de l'intelligence française : en mots suavement inutiles, en journaux intimes interchangeables, et… en parties de ping-pong !

– Il n'y a personne ? s'inquiétait Chantal.

Personne ne répondait.

– La pensée occidentale ne répond plus, reprit Pontaubault. Écoutez ce silence, ces craquements de bibliothèque désertée. Écoutez ! On n'entend plus que les arbres qui gouttent. Il est temps que j'advienne ! Qu'éclatent mes furies incandescentes ! Ah, Chantal, mon Emma à moi, si vous saviez ! Vous voilà projetée dans l'histoire ! Mes biographes diront de vous : c'est la femme qui partagea son automne, tandis qu'il composait le livre définitif sur la révolte étudiante et le séisme du siècle… Au fait, que dites-vous de *La Fracture*, pour le titre ? *Reflux* ? *Jusant* ? Sait-on ce que cela veut dire, sorti des côtes de la Manche ?.. Or, je veux un vaste public, celui des gares ; et je le hisserai jusqu'à moi !

Chantal se remaquillait.

– Vous êtes assez beau, quand vous vous faites plaisir tout seul !

Le soleil succédait au grain. Par les vitraux de la bibliothèque entraient des odeurs d'humus. Pontaubault sauta de la tribune. Il écrasa un baiser sur les lèvres de madame Bréhal.

– J'ai envie de vous. Ici, tout de suite !

– Vous êtes fou, si quelqu'un venait, protesta mollement la femme du député, en nouant ses mains derrière la nuque de l'écrivain.

– Je suis comme ça : quand mes paroles me séduisent, ça me donne d'autres envies. Le luth et le rut…

De ses mains serrées, Pontaubault pétrissait les hanches de Chantal et s'énervait contre un collant noir. On entendait des pas dans le hall.

– Quelqu'un…, s'effraya Chantal.

Une voix de femme lança, avec l'accent du bocage : « On demande un linguiste au téléphone ! »

– Un linguiste au téléphone ! s'amusa Pontaubault, tandis que son pantalon tombait sur ses talons.

– Arrêtez, protesta Chantal, sans vigueur.

Elle s'assit sur une table encombrée de notes et, d'une ruade, attira l'écrivain entre ses jambes.

– Dites-moi que vous ne me trouvez pas si idiote ! soupira-t-elle. Ce n'est quand même pas parce que vous me méprisez, que…

– Te creuse pas la nénette ! Avoue que t'y prends goût…

Une femme en blouse grise passa la tête par la porte du hall.

– Pas vu un linguiste ? demanda-t-elle tranquillement, comme si le spectacle entrevu n'avait rien pour la surprendre.

– Pas vu, dit Pontaubault, sans se retourner.

Bertrand POIROT-DELPECH

Le Golfe de Gascogne

De 1915 à 1922, les trois compères du « Pou qui grimpe *» animèrent Coutances grâce à leur fantaisie, à leur humour et leur génie.*

TROIS DIABLOTINS À COUTANCES,

par Emmanuelle AMSELLEM

Ville ecclésiastique à l'ombre de sa cathédrale, Coutances est aussi ville du livre depuis le Moyen Âge. Dans les recoins de cette fructueuse histoire, il est un groupe d'hommes, le trio du « Pou qui Grimpe », qui sortit de sa torpeur la ville devenue si sage au début du XXe siècle. Laissez-vous conter cette drôle d'histoire, fierté des Coutançais...

Lors de la Première Guerre mondiale, Coutances est transformée en vaste hôpital militaire. Les nombreux blessés s'y ennuient et la ville fait appel à toutes les bonnes volontés pour les divertir. Trois hommes talentueux et complémentaires sortent de l'ombre : René Jouenne (1897-1923), Joseph Quesnel (1897-1931), et Jean Thézeloup (1885-1968). Ils fondent le « Pou qui grimpe », et organisent fêtes de bienfaisance, galas de charité et expositions. Quesnel, autodidacte, se révèle très vite doué pour la littérature et le dessin, au point d'être remarqué par le Montmartrois Adolphe Willette, en villégiature dans la région. Jouenne s'adonne brillamment à la caricature et au journalisme, tandis que Thézeloup s'exprime par la peinture et la gravure sur bois.

Dès le commencement de leur association, ils ont l'ambition de remettre à l'honneur l'histoire, la culture et les traditions locales au moyen d'un art nouveau et populaire et de favoriser l'accès à la culture pour le plus grand nombre. Prise de position franche, du côté de l'art populaire (imagerie, petite édition) contre les Beaux-Arts, de la province créative contre Paris, en s'ouvrant à la modernité tout en valorisant leurs racines. Le ton est donné dans l'avertissement à l'« Ami lecteur » du premier numéro de l'*Almanach de la destinée la rose au bois* : « Nous parlons le même langage enrichi d'un patois que les académies et leurs employés n'arriveront jamais à tuer. Nous avons les mêmes coutumes, nous vénérons le même art, art si simple et si grand qui fit chanter le coq sur tes soupières et tes assiettes, qui posa des corbeilles de fleurs et de fruits sur les panneaux de tes armoires, qui enjoliva le cadran de tes horloges. »

La ville de Coutances est la source d'inspiration essentielle de leurs créations. Il n'est qu'à parcourir le *Livre du Pou*, leur chef-d'œuvre, pour le comprendre. Page après page, c'est la ville, ses habitants, les objets du quotidien qui se croisent et révèlent l'infinie tendresse des trois auteurs pour leur « pays ». À y regarder de près, on y retrouve les influences de la presse satirique parisienne, sous la plume de Jouenne, des affichistes de l'Art nouveau sous les enluminures de Thézeloup et de Montmartre avec les dessins de Quesnel (un chat noir se glisse fréquemment dans les pages, clin d'œil au célèbre cabaret parisien ?) Commencé en 1916, inachevé, ce merveilleux manuscrit est conservé à la médiathèque de la communauté de communes de Coutances.

Pendant huit ans, de 1915 à 1923, le trio malicieux animera Coutances, attirant de plus en plus d'artistes locaux et parisiens. Aucune volonté de scandale chez ces trois trublions, ils n'aspirent qu'à réveiller joyeusement la ville endormie !

Sous la houlette de Joseph Quesnel, animateur du groupe, le « Pou qui grimpe » s'engage dans deux directions : animations culturelles de qualité mais pour le grand public (adaptation théâtrale de *L'Ensorcelée* de Barbey d'Aurevilly, rassemblements musicaux organisés par la Cécilia, société musicale fondée en 1921) et imagerie populaire (« la petite édition »). Entre artisanat et art, leurs créations collectives sont extrêmement diversifiées. Mais c'est davantage la petite édition qui retient toute leur attention, tant elle leur permet d'atteindre les objectifs qu'ils se sont fixés. Ainsi les almanachs (*des saisons* en 1920, *de la destinée la rose au bois* en 1924), les affiches, les menus, cartes de vœux, gravures sur bois sont vendus à prix modestes. L'imprimerie et une maison d'édition, les éditions du Pou qui grimpe, viennent compléter leur étonnant savoir-faire. Quesnel poursuit son œuvre à travers un roman, *Tirelire* au ton humoristique et tendre. À chaque page le lecteur est immergé dans les bruits, les odeurs et le mouvement des hommes à Coutances, dans la cohue des jours de marché et les aventures du quotidien.

Unis pour distraire les blessés pendant la Première Guerre mondiale, les habitants de Coutances retrouvent leurs habitudes et leur humeur conservatrice au retour de la paix. Les artistes du « Pou qui grimpe » reflètent si peu leur ville, que leur groupe devient peu à peu marginal. On peut sans peine imaginer les regards des Coutançais sortant de la cathédrale, ahuris voire scandalisés devant le défilé à saint Pinxit, saint imaginaire inventé par le trio, protecteur des peintres, arborant joyeusement une auréole en fumée de cigare et des joues de buveur de liqueur normande. À l'ombre de la

Première de couverture de La Petite Ville *de Remy de Gourmont, publié par les Éditions du Pou qui grimpe.*

cathédrale, leur mode de vie débridé, comique et extraverti, n'est pas du goût des habitants qui ne comprirent pas toute la poésie de leur quotidien exprimée par les artistes artisans du « Pou qui grimpe ».

En revanche, l'attachement à leur cité, à leur patrimoine et à leurs traditions populaires leur gagna très rapidement l'estime et l'amitié des régionalistes normands tel que Louis Beuve ou Georges Laisney. Ultime sursaut de l'esprit du « Pou qui grimpe », les fêtes fastueuses du Millénaire, organisées à Coutances en 1933 par les régionalistes normands, pour célébrer le rattachement du Cotentin et de l'Avranchin au duché de Normandie et défendre avec force le souvenir du « Pou ».

René Jouenne mourut très jeune (1923) et Joseph Quesnel s'installa à Paris en 1925. Seul Thézeloup demeura à Coutances, rejoignant définitivement le mouvement des régionalistes et poursuivant son œuvre artistique. En 1968, il légua à la ville le manuscrit du *Livre du Pou*.

À Paris, Quesnel étendit son réseau d'amitiés littéraires normandes et parisiennes, comme en témoigne son abondante correspondance, conservée à la médiathèque de la communauté de communes de Coutances et à la bibliothèque littéraire Jacques Doucet à Paris. C'est dans le monde de l'édition qu'il achèvera sa courte vie, en publiant de 1927 à 1931 une revue grand format, intitulée le *Chien de pique*. Chaque fascicule rassemble une œuvre inédite et une illustration d'une gravure originale d'un artiste contemporain. André Lhote, Marie Laurencin, Foujita, Othon Friesz, André Derain, Pierre Mac Orlan, Fernand Fleuret, Tristan Bernard et André Salmon y participeront.

La ville oublia peu à peu ses trois Poux alors que leurs productions, leurs réseaux d'amitiés et l'évolution artistique de Joseph Quesnel attestent de la place qui devrait leur être accordée, parmi les autres « monuments » du patrimoine littéraire de la Manche. En 2000, l'association Coutances Pays d'Art et d'Histoire, la ville, la médiathèque de la communauté de communes de Coutances et le musée Quesnel-Morinière ont engagé un ambitieux projet de conservation et de valorisation du manuscrit du *Livre du Pou*. Édité en 2002 aux Cahiers du Temps, maison d'édition bas-normande que les trois Poux n'auraient pas boudée, c'est, si vous avez l'occasion de le parcourir, un peu de la joyeuse poésie des artistes du « Pou qui grimpe » qui défilera sous vos yeux, à n'en pas douter, charmés. ■

La foire de la Pentecôte

Pour l'enfant surnommé Tirelire, se rendre avec sa famille à la grande foire de Coutances, à quelques kilomètres de la ferme familiale, est une vraie aventure.

Ozouf les attendait sur la route. Ils grimpèrent dans la carriole. [...] On eut de la peine à régler l'équilibre pour la prochaine montée. Devant, les deux hommes balançaient mal les kilos de beurre et les douzaines d'œufs que les paniers-mannequins tenaient en nombre dans le fond.

C'était la foire du lundi de Pentecôte. [...]

Les premiers pavés donnèrent des hoquets à la carriole, les pattes de la jument battirent le briquet, l'étonnement de Tirelire prit feu.

– No se retrouvera illo vers les quatre heures, dit Ozouf.

Il s'était arrêté devant l'hôtel du « Bon Laboureur ». Marie et son filleul descendirent. [...]

Tirelire restait en arrêt devant les déballages, sa marraine aussi. Les tentes écrues, les parasols écarlates allaient à la queue leu leu rejoindre Sa Majesté la Cathédrale. Elles s'agrippaient à ses sculptures, se blottissaient sous ses portails. Dans une rue à pic, les légumes, étalés au ras du sol, formaient un tapis bariolé. Plus loin, des athlètes en tablier blanc troussaient les mottes de beurre, écartaient sans respect les linges pour poignarder la chair blonde aux plissures lunulées et la flairer goulûment. Deux grands gaillards miraient les œufs avec des gestes de jongleurs. La volaille se vendait à l'ombre des tilleuls coiffés en brosse. Un lapin aux oreilles en hélice, l'une basse, l'autre droite, amusa Tirelire ; il en profita pour s'arrêter. Le mouvement de la foule l'anéantissait. [...]

La rue principale groupait les grands magasins.

Aux vitrines, dans la Nouveauté, des brassards, des aumônières soigneusement mises sous verre, des missels et des chapelets ; un groupe de premiers communiants et de premières communiantes sans têtes, tous flanqués d'énormes chiffres..., coureurs baroques, en vérité !

Marie-la-Cato entra résolument chez les Burnel-Lelandais. Elle connaissait la maison. Une demi-douzaine de glaces multipliait les clients, les vendeuses et les marchandises.

Tirelire s'arrêta, surpris de se rencontrer face à face, des pieds à la tête. Déjà, le patron discutait courtoisement avec la marraine qu'il appelait Mademoiselle. Celle-ci recherchait les effets de beau langage, honteuse des défroques de patois qui s'y glissaient.

Des culottes, des vestes d'un droguet sombre s'empilaient sur un comptoir. Tirelire se laissa manœuvrer, pantin docile, par une factrice aux gestes secs. On choisit grand par prévoyance. [...]

Un marchandage sérieux s'établit. Marie eut soin de dire pour gagner la partie :

– C'est que pour moi, j'aurais bien besoin itou de pas mal de choses.

Après un coup d'œil d'envie aux toquets en chenille, elle se contenta de passer à la caisse, réclamant des images pour ce malheureux gamin.

Tirelire bâillait :

– Marraine, j'ai faim !

Dans le panier noir verni, couvert et bouclé, Marie-la-Cato avait mis du pain et du lard. Elle promena encore son filleul chez le marchand de chaussures et chez deux ou trois chapeliers. Enfin, ils arrivèrent au café Raisin : ici on peut apporter son manger.

Le café Raisin se cachait dans une ruelle, au bout d'une voûte. Grâce au marché à poissons, tout proche, la mer et son âcre senteur refluaient jusqu'aux ruisseaux environnants.

Dans la salle basse, pleine de ventres pleins on se serra pour faire place aux arrivants. Une fille jeune, aux cheveux blonds nattés, servait à boire, c'était mademoiselle Gabrielle Raisin elle-même. Une pancarte, dans le fond, invitait au pourboire : « TRONC POUR LA DOT À LA FILLE ».

Entre les tables, sans étonner personne, un cheval passa, baissant la tête sous les poutres. L'écurie et la cour n'avaient pas d'autre issue que la porte du café.

Tirelire, perdu dans le vacarme et la chaleur, mordait un quignon de pain et réclamait sans cesse à boire. Les chopines succédaient aux chopines.

– Ah ! dit Marie, assez haut pour être entendue de ses voisins, ton vrai nom n'était pas core trouvé, tiens ! C'est Chopinette qu'il faut t'appeler, Chopinette !

Elle riait, fière de baptiser à son tour son filleul. [...]

L'après-midi se passa vite. Des paquets plein les bras, Marie-la-Cato se trouva au « Bon Laboureur » avec un retard qui ne l'effrayait point. Tirelire portait le panier noir.

Ils se débarrassèrent et s'assirent sur les brancards de la voiture pour attendre les hommes. Les remises de l'auberge étaient presque vides. Les derniers attelages passèrent le porche feutré de crottin frais. L'air devenait plus léger. Une église voisine profita du calme revenu pour annoncer le trépas d'un de ses paroissiens. La cloche insistait car le mort était riche. On la voyait se balancer dans sa lourde charpente. Des bouquets de fleurs, nés du mur de la tour, tremblaient à chaque battement.

Tirelire s'endormit de fatigue et ne se réveilla que chez sa marraine. Il la vit compter sa bourse pendant que son père mettait toute sa bonne volonté d'homme saoul à allumer une pipe qu'il n'avait pas bourrée.

Joseph QUESNEL
Tirelire

Remy de Gourmont portraituré par Joseph Quesnel.
Bois gravé.
Il naît le 4 avril 1858, à Bazoches-au-Houlme, sur les marches d'une Normandie à laquelle il resta toujours fidèle, par son tempérament bien plus d'ailleurs que par quelque velléité régionaliste. Bref, il était assez normand pour ne point le proclamer.
Jean Mabire.

LE MESNIL-VILLEMAN, COUTANCES

LE PARADIS DES ARBRES DE REMY DE GOURMONT,
par Thierry GILLYBŒUF

Et pourtant, tout avait bien mal commencé. Le jeune Remy n'a que huit ans quand, avec sa famille, il s'établit au manoir familial du Mesnil-Villeman, petit village près de Villedieu-les-Poêles, encaissé dans un vallon. S'il s'agit bel et bien d'une sorte de retour aux sources, puisque les Gourmont sont présents dans le Cotentin depuis le XIVe siècle, cette installation dans la Manche est, dans un premier temps, un déchirement pour l'enfant qui est comme chassé du « paradis » de son enfance, le manoir de Bazoches-au-Houlme, dans l'Orne, demeure de ses aïeuls maternels, où il est né le 4 avril 1858 et où il a vécu jusque-là. Mais sept ans après la mort du grand-père paternel, le marquis Louis-Auguste de Gourmont, la question du partage est enfin résolue entre ses quatre héritiers, et les parents de l'écrivain peuvent élire domicile dans la gentilhommière du Mesnil-Villeman qui est dans la famille depuis quatre générations.

À première vue, ce nouveau manoir en impose moins que la majestueuse bâtisse de Bazoches-au-Houlme. Henri, l'un des frères de Remy, décrira en détails le « petit manoir entouré d'arbres et même d'arbres rares » du Mesnil-Villeman, situé à la sortie du bourg, au fond d'une longue allée boisée, niché dans un bosquet de hêtres et de châtaigniers, trônant au milieu d'« un jardin étonnant où tout fusionnait : fleurs, fruits, légumes », en bordure d'un étang que sillonnaient divers palmipèdes.

C'est indéniablement dans ce décor qu'il va, très tôt, contracter son amour immodéré des arbres, « joies de [s]on triste cœur » auxquels il consacra l'un des plus émouvants poèmes, « Le dit des Arbres » (1894). Il y a ceux du parc bien sûr, et un peu plus loin, le « petit bois sacré, dont la masse de verdure intense se dessinait comme l'architecture d'une cathédrale sombre et gigantesque », où Remy s'était « fabriqué » une île en détournant le lit d'un ruisseau et où, adulte encore, il aimait venir lire, écrire, jardiner, cultiver les idées et les rêves.

Exception faite des années de pensionnat à Coutances, de vie estudiantine à Caen et des tout premiers séjours à Paris, il habitera le manoir familial du Mesnil-Villeman jusqu'en 1881, date à laquelle il s'installe définitivement à Paris. Mais il ne manquera pas d'y retourner quand l'occasion se présentera, aimant à passer le mois d'août auprès des siens, même si ses visites finiront par s'espacer après la mort de sa mère, en 1899, quand Coutances deviendra sa dernière *querencia*. C'est là qu'il viendra trouver refuge pour sa convalescence après que le lupus tuberculeux l'eut en partie défiguré. Et c'est dans sa chambre située au deuxième étage du manoir, à l'ombre du tilleul centenaire, qu'il rédige en partie *Sixtine* (1890) et qu'il écrit certaines de ses lettres les plus ardentes à Berthe de Courrière (la « vraie » Sixtine) :

« Vaguer par les jardins, me refamiliariser avec les choses, me reposer les yeux aux verts, aux pourpres, aux violets des feuilles, me mène jusqu'à dix heures et je remonte vivre un peu avec toi, en cette chambre, au second étage, avec une vue de hêtres, de marronniers, de toutes sortes d'arbres qui sont mon horizon, où j'ai rêvé jadis, où je me retrouve comme étranger. »

Pas aussi étranger qu'il voudrait le laisser croire… Il y a dans les parages, le « bois sombre et touffu comme une chevelure » – « Simone, il y a un grand mystère / Dans la forêt de tes cheveux » – de Montlouvel, où il aime tant marcher, lieu si cher et familier qu'il donnera, comme Mauriac le fait dans nombre de ses romans, son nom au personnage de *Merlette* (1886) : Hilaire de Montlouvel, son premier double, jeune hobereau « héros » de ce roman naturaliste en Cotentin.

Il y a surtout l'église du village, au pied de laquelle repose sa mère, face à la petite bâtisse qui faisait office d'école et de mairie où travaillait son père qui fut maire de la commune, de longues années durant, comme l'avait été avant lui son propre père – et nul doute qu'il avait espéré que son fils aîné prît sa succession… Plus étonnant, il arrivait à l'auteur du *Latin mystique* (1892) d'y venir à la messe, s'accompagnant pour chanter d'un vieil antiphonaire rapiécé !

Ce paysage vallonné et verdoyant n'est pas très éloigné de la mer et c'est un nouveau décor que découvre le jeune Remy, dont il va s'éprendre étourdiment. Il se rend très facilement, et aussi souvent qu'il le peut, sur la plage de Geffosses, « qui était en vérité comme le fief de notre famille », dira son frère Jean, chez sa « bonne tante de Longueval ». Sans doute la mer lui évoquait-elle ce prince danois du Xe siècle, Gormon ou Gorm le Vieux, en lequel il voyait un de ses ancêtres. Comme nombre de ses compatriotes, Gourmont tirait une fierté particulière de cet épisode de l'histoire de la Normandie, qui nourrit chez eux une sorte de sentiment de supériorité.

Le Remy de Gourmont qui vient ici est à l'opposé du stylite de la pensée accoutré en camaldule tel que l'a figé la postérité. Il revêt vareuse et pantalon de molleton blanc, chausse de vieilles bottes graissées à la chandelle, accompagne volontiers les pêcheurs ou part dès potron-minet ramasser les crevettes. Tout comme il débusquait leurs lointaines cousines, les « écrelles », sous les pierres, ou bien allait en expédition pêcher truites, chevaines ou anguilles « dans les herbiers et les subrives », le tramail barrant la rivière. La vie de la mer le passionnait. Quant aux dunes qui bordent la plage, elles dessinent le paysage d'une vision amoureuse :

« Couché dans le sable, dans les dunes, à l'abri du vent. Par une échancrure, je vois la mer glauque sous le ciel, sous le ciel laiteux ; à l'horizon, après une bande sombre, Jersey se détache dans un bleu de brume. Le sable chauffé par une journée de soleil me brûle et m'amollit ; il y a comme des baisers dans l'air, et les vains désirs se fondent en une tristesse. Le halètement sourd du reflux engourdit la pensée, de même que les effluves salines aiguisent les sens. L'hallucination vient : Tu surgirais tout d'un coup d'entre les grandes herbes des dunes que je n'en serais pas étonné. »

Le troisième point de ce triangle normand gourmontien, c'est Coutances. Et pourtant, une fois encore, le premier contact ne pouvait laisser augurer la profonde dilection que Remy de Gourmont ne cessera de nourrir pour sa « petite ville ». En effet, il a tout juste dix ans quand il entre au lycée, comme pensionnaire, où il passera huit années de ce qu'il qualifiera de « dantesque et inutile horreur ». C'est sans doute avec son correspondant sur place que, le jeudi et les jours où il ne rentrait pas chez lui, il commence de parcourir les rues mortes de cette « île de pierres accumulées émergeant d'une mer de verdure ». Il y a bien sûr la cathédrale qui domine la « petite ville », mais c'est à l'un de ses soubassements que Gourmont rend de nombreuses visites, puisqu'il abrite une librairie-papeterie tenue par une « vieille bonne femme », où il vient acheter ce qu'il lui faut pour écrire. Autant de lieux qu'il ressuscite avec cette chaleur un peu triste des souvenirs dans un petit livre enchanteur, *La Petite Ville* (1913), véritable guide amoureux de cette « capitale » de la « Gourmontie ».

Il ne manquait jamais, à chacun de ses passages, d'aller saluer son ancien professeur d'anglais en seconde, au lycée de Coutances, le poète Paul Blier (1822-1902), qui le premier l'encouragea à écrire. Désormais lui-même bien établi au sein du *Mercure de France*, Gourmont s'emploiera à ce que la maison d'édition publie une plaquette de son vieux professeur, *La Flûte de roseaux* (1898). Et quand son ami Charles-Théophile Féret donne sa première *Anthologie critique des poètes normands*, Gourmont lui écrit pour regretter l'absence de Blier. Cet oubli sera réparé dans la réédition du volume, en 1920, inauguré par l'évocation fidèle et émue que l'écrivain fait de son ancien professeur.

C'est chez sa chère sœur Marie qu'il vient s'établir à chacun de ses séjours dans la « petite ville ». Il possède là une petite chambre presque monacale, avec une bibliothèque peuplée de livres anciens venus du manoir du Mesnil-Villeman. Au fond du jardin, il venait s'asseoir sur une chaise pliante, accoté à un muret où, disciple amateur des *Souvenirs entomologiques* de Fabre, il observe les fourmis qui lui fourniront une allégorie cynique de la guerre dans un de ses tout derniers textes, et d'où il surplombe le jardin public. C'est là que le surprendra la déclaration de guerre en 1914, le contraignant à prolonger son séjour et marquant brutalement la disparition de la civilisation à laquelle il croyait tant et que, peut-être, incarnait ce petit univers provincial auquel il est toujours demeuré fidèle.

Qui a dit que nul n'était prophète en son pays ? Ce fut pourtant la « Petite Ville » qui, la première, commémorera son « grand homme », en inaugurant à grands renforts de discours officiels, le 24 septembre 1922 – presque sept années jour pour jour après la disparition de Remy de Gourmont le 27 septembre 1915, dans un hôpital parisien – un buste sculpté par sa belle-sœur, Suzanne de Gourmont. Certes, cette sculpture impassible au sommet d'une colonne parallélépipédique entretient la légende, qui représente Gourmont sous les traits d'un sage mandarin à la barbe assyrienne. Mais pour l'éternité, la présence de pierre de Remy de Gourmont habite un océan de verdure aux mille nuances et embrasse dans son champ de vision les feuillages drus des nombreux arbres qui rappellent que cette région fut, par le passé, une vaste forêt presque impénétrable :

« Et puis, vraiment, rien n'est plus beau. Ah ! que je plains les régions sans arbres. » ■

Pierre Bazan à Paul Pelasge

Havoque, 19 septembre.

Je ne suis pas en Bretagne, cher Pelasge, mais en Normandie, sur le bord d'un marais hanté par les oiseaux de mer. La Bretagne est trop connue. Il n'y a plus un coin de côte dont le triste touriste n'ait corrompu le silence et dégradé la beauté. Il en est de la nature comme des femmes : un amant l'embellit ; deux la fatiguent ; trois l'abrutissent ; au-delà, c'est l'avilissement. Les hommes ont avili jusqu'aux granits et jusqu'aux sables. Un homme qui n'est pas né du sol, comme les progénitures de Deucalion, est une tache sur le manteau des paysages. Il y a des chapeaux obscènes et des gants impudiques au Val-André comme à Saint-Lunaire ; il y en a aux Sept-Îles, à Batz et à Bréhat, les jours de beau temps. J'en ai vu à Chausey et sur les Minquiers ; il y en a peut-être, quand la marée est clémente, aux Bœufs et à la Fourquie, aux Dirouilles et à Taillepied, à Cézambre et à la pointe du Groin. Les imbéciles ont choisi ce qui est beau, comme les oiseaux choisissent ce qui est gras. Ils vont vers les points qui sont piqués en rouge sur les cartes de la tauromachie circulaire. Ils foncent sur le rouge, la bêtise en avant ; la bêtise leur sert de cornes. Ils crèvent les paysages et oublient dans les tourne-bride, où on ne but jamais d'eau, leurs boîtes de Vichy-État. Il n'y a pas d'eau en Bretagne et en Normandie. L'eau baptise, mais n'est pas baptisée.

L'eau est bue par les bêtes ; elle contient de la semence de grenouille et donne mauvais caractère. Le tourisme propage l'eau de Seltz, le pneu et l'instantané. Il emporte des rochers qu'il n'a pas vus et des pierres qu'il n'a pas comprises ; il rapporte des choses crevées et le dégoût d'une nature dont chaque brin de jonc médite de lui serrer le cou. Il fait la route comme les filles font la rue, mais les arbres pleurent de rire sous sa casquette de domestique. Il est si bête qu'il ne s'aperçoit pas que les cailloux eux-mêmes le frappent d'un impôt. Il paie pour se fracasser la tête et pour regarder les filles qui font boire les veaux ; il paie pour voir faucher le foin. Il paie pour s'ennuyer et pour qu'on lui dise la hauteur des clochers. Il paie et on paie pour lui ; c'est sa revanche et son venin. C'est pour le touriste qu'on a refait le mont Saint-Michel en saindoux brodé de pistaches ; c'est pour lui qu'Avranches a construit des ruines et Granville une caserne ; car le touriste aime à prendre des leçons d'art par la vue des monuments, il aime les belles ruines quand elles sont dans un jardin public, entourées de chaînes, et les casernes lui remémorent la patrie absente. J'ai fui la civilisation des touristes, les auberges où on affiche l'heure des trains, le portrait des coquins célèbres et les traits enluminés du grand Dab. À Havoque, il n'y a pas de civilisation. C'est entre Créances, qui est du sable, et Lessay, qui est une lande. J'y ai acheté pour deux cents francs une maison composée d'une étable et un jardin où il pousse des chardons de mer. Lessay est la Mecque de ce désert. J'y ai trouvé de quoi m'installer aussi bien qu'un douanier. Un pêcheur me nourrit quand la mer donne ; et quand elle ne donne pas, je me fais de la galette de sarrasin : c'est très facile. Je resterai là tant que je possèderai un tube et un pinceau. Il n'y a pas d'hiver dans

Le manoir du Mesnil-Villeman, niché dans un bosquet de hêtres et de châtaigniers, trônant au milieu d'« un jardin étonnant où tout fusionnait : fleurs, fruits, légumes »... C'est indéniablement dans ce décor que Remy de Gourmont va, très tôt, contracter son amour immodéré des arbres.

ces bas-fonds salés où vient mourir un des filets du courant chaud qui baigne Jersey. Dieu merci, me revoilà à mon métier. La peinture avant tout, n'est-ce pas ? Raconte-moi tes histoires. Moi, je n'ai plus d'histoires. Les femmes que je vois sont si différentes de celles qui amusent ou troublent ta vie qu'il me faut un effort pour comprendre tes plaisirs et tes ennuis. Si je songe aux femmes dont on baise les mains, je regarde aussitôt Marie-la-Guicharde qui sarcle mes chardons avec la précaution d'un moufle, et je ris un peu. Le moment présent est pour moi la vie entière, je suis peintre, et comme peintre j'aime autant Marie-la-Guicharde que la marquise au cygne. C'est plus pittoresque, moins convenu, moins Galimard. Je ne comprends plus du tout Galimard, ni Chassériau, ni Gustave Moreau, ses élèves, depuis que la Guicharde « épluque » mes chardons de mer…

Remy de GOURMONT, *Le Songe d'une femme*

Louis Costel, prêtre exorciste, humble serviteur des hommes et de la mémoire rurale du Cotentin.
Louis avait une passion. Écrire sur ce qu'il rencontrait, au fil des jours, sur ce qu'il connaissait bien : la vie des gens.

SAINT-SAUVEUR-LENDELIN

LOUIS COSTEL, AU PLUS PRÈS DES HOMMES,

par Roger-Jean LEBARBENCHON

Écrivain, prêtre, et exorciste. Et si Louis Costel était tout simplement un Cotentinais enraciné et assez remarquable ? Sa vie, son œuvre, son action pastorale, tout le démontre.

L'enfant de Saint-Sauveur-Lendelin, au sud de la presqu'île, n'oublia jamais ses origines modestes : fils d'un bourrelier, métier maintenant disparu. À moins de quatorze ans, le certificat d'études primaires obtenu, le voilà à apprendre les gestes précis – tranchet, aiguille courbe et *ligneul* – de ceux qui entreprenaient les attelages. Mais ce garçon éveillé avait d'autres idées, si bien qu'on le retrouve clerc de notaire et plus tard employé de préfecture dans le Calvados. Son milieu traditionnel le marque au point qu'il ressent une autre aspiration d'importance : devenir prêtre. À vingt-cinq ans, il entre au séminaire, âge où, en général, on en sort. Costel un cas ? Pas tout à fait, bien que…

Vieil atavisme ou choix personnels, après avoir été à Coutances, professeur des vocations tardives, il exercera dans des paroisses de la côte ouest : Denneville, Gouville, Jullouville. Curé de campagne, discret, à l'écoute, sans tapage aucun. Il exerce son sacerdoce avec l'humilité de ceux qui aiment et comprennent leur prochain mais se gardent bien de perdre leur indépendance. On lui confia une tâche assez étonnante au XXe siècle, celle d'exorciste.

Contrairement à ce que l'on croit, il reçut beaucoup de personnes, six cents en cinq ans. Dans son bureau on ne peut plus simple sinon banal, on lui confiait des peurs, des craintes d'être envoûté, d'être marqué par quelque sort funeste. La peur, souvent la peur. Le curé lui, parfaitement humain, écoute longuement, comprend, parle doucement et bénit. Voilà le malheureux possédé – ou qui se croit tel – en partie rassuré par cette attitude des plus empathiques. Ces phénomènes plus psychologiques que surnaturels, hérités des vieilles croyances, lui, Costel, les combat surtout avec sa bonté. Ces rencontres auront une influence sur son œuvre, à moins qu'on l'ait chargé des exorcismes parce que précisément il s'était intéressé à ces déviances sociales et religieuses.

L'âge de la retraite venu, il se retourne vivre là où il naquit, à Saint-Sauveur-Lendelin. Peu de temps après, la maladie implacable le saisit. Le 28 mai 2002, il meurt. Il est inhumé dans sa paroisse natale. Sa biographie pourrait s'arrêter là. Sauf que Louis avait une passion. Écrire sur ce qu'il rencontrait, au fil des jours, sur ce qu'il connaissait bien : la vie des gens.

Écrire. Il déclara souvent qu'il était écrivain avant d'être curé, ce qui signifiait que la passion d'écrire le tenait depuis bien longtemps. Il nous laisse une œuvre importante, dont on peut retenir trois thèmes majeurs.

Les gens, il les connaît bien, car il en fut, car il les fréquenta, écouta, entendit. *Hier mon pays* est de cette veine et aussi *Bonnes Gens* ; ce titre est clair. *Bonnes Gens* dont il fut tiré une adaptation télévisée, et qui obtint – c'est encore plus clair – le prix Eugène Le Roy. Il « parle

des gens comme ils sont, » écrit J.-L. Sion dans *La Manche libre*[1]. « Il s'adresse à eux dans un style à la fois réaliste et suggestif, grâce à sa parfaite connaissance des campagnes et de ses habitants dont le fils de bourrelier se sent proche ». Son sacristain (cinquante-trois ans de service, admirez), affairé entre des obligations qui le valorisent, grand sonneur de cloches ce qui n'est pas rien, son sacristain est de ces personnages disparus qui faisaient partie de la vie des paroissiens si nombreux aux offices. Quant à la récolte de *la verdrière*[2], ou *pailleule*, sur les rochers de la côte ouest, Costel la décrit avec la précision d'un ethnologue, la familiarité d'un gars du coin : « La verdrière coupée remontait à la surface et, poussée par la marée ascendante, elle allait dans le filet tendu, face aux faucheurs. »

Costel s'intéressa à la sorcellerie, probablement parce que non loin de ses résidences, au pays de la Haye-du-

1. Du 2 février 2002.
2. Plante marine.

Puits, le mont d'Etenclin laissa dans les esprits, les archives et les mémoires, de bien tristes souvenirs. *Car ils croyaient brûler le diable en Normandie* et *Un cas d'envoûtement* fouillent les dérives à la fois des pauvres esprits, ceux de pauvres gens un peu fêlés et des autorités ecclésiastiques assurées de combattre, sans complexe, quelques manifestations démoniaques. On interroge, on serre les jambes dans des étaux cruels, on fait avouer dans des cris, on emprisonne, on exécute quelques malheureux ne comprenant rien à ces déplorables pratiques. Chez Costel, aucun goût morbide pour ces tortures. Seulement une précision quasi scientifique pour décrire ce qui se passait et l'histoire de ces investigations épouvantables. Ce qui éclaire et fait comprendre les comportements du XXᵉ siècle, ceux que l'exorciste du diocèse entend. « Un monde hier bruissant de vie, aujourd'hui promis à la friche, en proie à l'angoisse et à la solitude[3]. » La vocation de l'écrivain chercheur et celle du prêtre se rejoignent dans un humanisme moderne. Mais le curé déclare : « Jamais je n'ai ennuyé mes paroissiens avec ma littérature. »

Ces investigations, ces permanences de l'âme humaine, ces errements de l'église hiérarchique, notre auteur les rapproche des réalités sociologiques et psychologiques de son temps, je veux dire de ce qu'il connaît et côtoie. Car un autre monde apparaît vers 1960, celui des pratiques post-conciliaires, révolution qui ne fut pas seulement visible dans les vêtements des curés, passant de la soutane aux costumes classiques, du latin aux textes dits au micro, des confessions chuchotées aux eucharisties largement délivrées. Est-ce la fin d'un monde ? Un monde

3. J.-P. Marie, *Ouest-France*, 10 mai 1993.

rural ? Si ce n'est cela c'est une mutation que le curé observe en direct. Un peu pessimiste, Costel ? Peut-être car il compare ce qui fut et ce qui vient. L'école a fermé, les commerces aussi, le curé demeure mais pour combien de temps encore, « Sauve qui peut ! À quoi bon additionner les misères ! Chacun chez soi. » Ou bientôt « chacun pour soi ». « Des villages s'endorment, des villages où le cimetière est peut-être le seul endroit où l'on voit le plus souvent se croiser des vivants. Dieu merci, l'angélus sonne encore trois fois par jour, électriquement comme les heures. Nos clochers vont-ils devenir de simples tours commémoratives, semblables à celles qui ponctuent le paysage irlandais : les tours des morts[4]. »

Pessimiste ou lucide. En tout cas cet écrivain décrit, montre un état de l'évolution très rapide de nos sociétés rurales. Seul l'avenir dira ce qu'il en sera.

L'extrait suivant est tiré de *Hier mon pays*. Dans cette évocation du Cotentin d'autrefois (des années cinquante), Louis Costel se situe parfaitement au carrefour de nos routes du XXe siècle, entre souvenirs précieux et mondes à venir. Le Prix littéraire du Cotentin qui lui fut attribué à Valognes en 1972, venait à point pour célébrer un écrivain dont les talents et les qualités humaines s'inscrivent dans une saga littéraire des plus riches, celle de Barbey d'Aurevilly ou de Jean Follain. Louis Costel pensait qu'on lui reconnaîtrait, au moins, « le mérite de la lucidité et d'une certaine franchise ». Au moins, assurément. ■

4. Louis Costel, « Que sont devenus nos clochers ? », *La Manche libre*, février 1991.

Une négociation sans lendemain

La cuisine de la ferme était sombre, éclairée par une petite fenêtre aux minuscules carreaux. Le soleil entrait avec parcimonie. L'aire en terre battue suintait l'humidité. Des mouches voletaient au-dessus de la vaisselle entassée sur un coin de la table ; leur bourdonnement accompagnait le tic-tac de l'horloge et les gloussements d'une poule partie à la recherche des miettes, avec ses poussins.

Dès le premier verre, Lucien Coubrun s'enquit de la santé du paysan. Constant Lenoir raconta longuement l'accident, avec toutes les digressions qui sont propres aux gens de la terre. Le surfaix rompu, il s'était retrouvé dans le champ, au milieu des bottes de foin, « le bras démanché ». Mais la rebouteuse avait accompli du bon travail. Dans quelques semaines, il serait de nouveau d'attaque.

L'entrée en matière semblait facile : les harnais de Constant Lenoir étaient arrivés à leur dernière extrémité ; la chose était claire. L'occasion ne se retrouverait pas aussi favorable, dans la conversation, de conseiller du neuf, du solide. Mais le bourrelier ne voulut pas trop tôt aborder le sujet de sa visite.

Il s'informa de la qualité, de la quantité des fourrages de l'année. Le paysan répondit avec l'insatisfaction et la prudence normandes. Il y avait eu, certes, plus mauvaise année. Les foins étaient bons, à coup sûr, mûrs à point… Mais ils étaient peu épais. La pousse avait souffert du temps trop sec, en mai. Il devrait acheter, en hiver, du fourrage, ou vendre quelques génisses.

– Et les « amouillantes » se vendront mal, si l'hiver est dur…

Selon Constant Lenoir, rien de bon en perspective. Et malgré cela, le terme viendrait, les impôts augmenteraient.

– Cha n'est pus un métier, que d'rester à la terre !

Lucien Coubrun se retint de sourire. Constant Lenoir dirigeait une des plus belles « positions » du pays. Cent cinquante « vergées », et un troupeau de trente des meilleures laitières. Il l'écouta plaindre et gémir sur la dureté des temps, l'injustice d'un gouvernement qui vous prenait tout votre argent.

À la quatrième « moque », le bourrelier jugea que le temps était venu d'en arriver à l'essentiel. Avec habileté, il rappela l'accident. Depuis longtemps, il l'avait prévu, annoncé.

– Tes équipages sont arrivés à leur fin… Pense que le dernier fait, je l'ai fabriqué pour ton mariage… en mai… 1923… Il a bien fait son temps et gagné son argent… C'était de la qualité…

L'autre n'osa contester les faits. Mais la seule pensée d'en être réduit à commander du neuf qui coûterait cher, l'obligerait à sortir quelques gros billets, le laissait perplexe. Il essaya de plaider la réparation. Pardi ! Quelques bons morceaux, ici et là, quelques coutures aux endroits faibles pourraient peut-être suffire, car le temps des foins, somme toute, se terminait. Cette période passée, il n'y aurait pas de gros efforts à demander aux harnais. Ce qui avait tenu plus de vingt ans, durerait bien encore, un an, deux ans. Cela lui semblait le bon sens même. Il rit, afin de convaincre.

– Eune supposition : j'travaille depuis près de cinquante ans… J'peux core teni quèque temps !

Mais le bourrelier se décida à employer les grands moyens.

– Tu m'connais, Constant… Cha fait bellement quarante ans… j'tai toujours donné satisfaction…

Le paysan approuva, sans conviction, vaguement inquiet.

– Eh ben, continuait Lucien Coubrun, j'parle autant dans ton avantage que dans le mien… T'as des chevaux qui sont jeunes et c'est pas pour dire, mais faut le dire : tu charges toujours un peu plus qui n'faudrait… C'qui t'est arrivé, peut se retrouver… Un chargement de bois, par exemple… Non, y'a pas-à-dire, y te faut du neuf…

Constant Lenoir se sentait faiblir. Il y avait du vrai là-dedans. Il en convenait, en lui-même. Pour se donner le temps de réfléchir encore, il se leva, mit le pot de café à chauffer dans l'âtre. Puis, il reprit sa place, le visage tourné vers la fenêtre. Il répétait, indécis, songeur :

– Dame, tu dis bien, Lucien… Tu dis bien, té… […]

Près de deux heures après son arrivée, lorsque Constant Lenoir versa la « goutte », le harnais était commandé. Le bourrelier promit une livraison rapide, étant donnée l'urgence de la situation dans laquelle se trouvait la ferme de la Branchelière. Le prix fut fixé, sans trop de marchandages.

– C'est pas toi qui l'useras, dit le bourrelier, en guise de conclusion et d'adieu.

Et il sauta lestement sur sa bicyclette, gaillard comme à trente ans, car il avait hâte de dérouler son cuir.

L'exemple de Constant Lenoir déciderait Aimé Audoire, Jean Lemaire qui hésitaient encore. Le travail reprenait. [...]

Il se coucha tard. Le lendemain, dès l'angélus, il se trouvait devant sa table, décidé à abattre de la besogne jusqu'au soir. [...]

Bien avant l'heure du déjeuner, il cousait les montants de la bride. C'était la pièce du harnais qu'il s'agissait de fignoler, qu'il n'avait jamais laissée aux apprentis. Les points de couture se succédaient, à un rythme rapide, formant une ligne régulière de minuscules losanges. De temps en temps, il enlevait le morceau, des mâchoires de sa pince, pour l'examiner de près, dans la pleine lumière ; puis, satisfait, les lunettes sur le bout du nez, le dos voûté, il reprenait son allure, le regard fixé sur chaque nouveau point.

Il prit juste le temps d'avaler sa soupe, une tasse de café, et se remit à l'ouvrage, avec le même entrain, une

espèce de hâte. Il venait à peine de retrouver sa pince et son morceau de cuir, quand arriva Constant Lenoir. Le bourrelier fut joyeux à l'idée qu'il allait pouvoir lui présenter son travail bien en train, lui montrer à quel point il serait satisfait, servi au plus vite.

Il le vit venir. Il le salua sans quitter sa pince. L'autre répondit mollement. Il regardait de biais la table couverte de cuir neuf, avec un air piteux, gêné, comme s'il allait annoncer une mauvaise nouvelle. Mais déjà, le bourrelier lui montrait la bride.

– Comme tu vois, j'ai pas perdu mon temps... Dame, la fin de la semaine va venir vite...

Il lui tendait un large morceau de cuir, d'une épaisseur d'un doigt.

– Avec un surfaix taillé là-dedans, tu craindras plus rien, crois-moi... C'est de la qualité... J'te l'dis, à toi, c'est du solide...

Constant Lenoir ne faisait que marmonner :

– Pour sûr... Pour sûr...

– J'comptais justement aller chez toi, dans la soirée, pour les mesures du collier...

– C'est que, pour tout t'dire, je m'sis décidé un brin vite...

Le paysan secouait la tête en mordillant sa moustache. Le bourrelier posa son morceau de cuir. Il avança d'un pas sans bien comprendre ce que voulaient dire ces paroles. L'autre continuait :

– Ben, oui... T'est v'nu... On a parlé... On a pus ou moins décidé j'en conviens... Et puis je n't'avais pas dit que Jean Lair était passé d'la veille... C'n'est pas d'mon goût, dame non !... Tu m'connais... Je n'voudrais pas d'tracteur, mé... Mais les gars, y sont jeunes, y z'en ont l'idée… A m'n'âge, je sis pus maître… Jean Lair est rev'nu, après té… Nous a commandé… N'y a pas qu'mé… Aimé Audoire, et Jean Lemaire itout… Paraît qu'c'est de l'économie… Cha n'mange pas de foin, l'hiver… Et pis tu sais, les jeunes sont les jeunes, y'a pus qu'cha qui compte à présent…

Il élevait son bras valide, regardait ses sabots :

– Je n'pensais pas que tu t'mettrais si vite à l'ouvrage… Faut pas m'en tenir rigueur…

Il s'excusait, se répétait… Ce n'était pas sa faute, à lui. Mais il prenait de l'âge. Il avait besoin de ses gars pour tenir la « position ». Il vantait les avantages de bons chevaux, regrettait de devoir se séparer de bonnes bêtes, aussi « franches de collier ». Mais les temps étaient changés, voilà tout ! Il fallait se faire une raison.

Constant Lenoir, Aimé Audoire, Jean Lemaire vendaient leurs chevaux ! Lucien Coubrun écoutait, sans mot dire. Il voulait garder bonne contenance, malgré tout, ne pas avouer son désarroi, par un sursaut de fierté. Il trouva la force de bâtir un mensonge.

– Tu sais ce que tu fais, dit-il… Faut pas te faire de mauvais sang… Y'a core de l'ouvrage, Dieu merci ! Y'a de l'ouvrage…

Louis Costel
Hier, mon pays

Polémiste redouté, théoricien du dandysme, romancier flamboyant, visionnaire des paysages de la Manche : Jules-Amédée Barbey d'Aurevilly, l'insoumis, farouchement lui-même.
« J'ai parfois, dans ma vie, été bien malheureux, mais je n'ai jamais quitté mes gants blancs. »

SAINT-SAUVEUR-LE-VICOMTE, VALOGNES

LE COTENTIN INTÉRIEUR DE JULES BARBEY D'AUREVILLY,

par David COCKSEY

« Le terroir se retrouve toujours, et selon une frappante réflexion de notre vieux maître Walter Scott, principalement chez les natures très distinguées[1]. » Ainsi parle Barbey d'Aurevilly en 1851 ; après plus de dix ans passés dans le tourbillon du dandysme parisien, il est en train de renouer avec ses racines. Celui qu'on surnommait Brummell II songe désormais à devenir « le Walter Scott de la Normandie[2] ».

Ce contraste est caractéristique du personnage complexe que fut Barbey. Connétable des Lettres, Éreinteur du « galimatias » d'un Hugo ou de la « fange » d'un Zola, il était pour ses intimes « Lord Anxious », un homme généreux en amitié et souvent malheureux en amour. En outre, cet élégant théoricien du dandysme n'hésitait pas à troquer ses bottes vernies contre des sabots pour fouler les sentiers de son Cotentin natal, où il puisa l'inspiration pour ses plus grandes œuvres. En renouant avec ce terroir si riche en légendes, le romancier trouve définitivement sa voix pour conter des récits dont le surnaturel lance un défi au matérialisme de son époque.

On sait la place que la Basse Normandie tient dans l'œuvre de Barbey ; en effet, de ses dix-sept romans et nouvelles, seulement trois situent leur action ailleurs. Ces récits sont redevables à plusieurs égards à la région, et

1. *Correspondance générale* (*CG*)Paris, Les Belles Lettres, t. III, 1983.
2. *Ibidem*, p.115.

à la Manche plus particulièrement : nombre de personnages empruntent leur patronyme à la toponymie locale, tout comme les récits se parsèment de références passagères à ces lieux lorsque ceux-ci ne constituent pas le cadre même de l'intrigue. Comme le constate Jacques Petit, ce « "normandisme" [...] marque surtout son retour aux premières impressions, à l'enfance, à l'adolescence dont les rêves vont nourrir l'œuvre romanesque[3] ».

Si la Normandie est une constante de l'œuvre aurevillienne, de *Germaine*, rédigée en 1835, à *Une page d'histoire* (1884), on constate une certaine évolution dans le rapport de Barbey avec sa terre natale. En 1836, le dandy en déplacement notait : « Je suis à Saint-Sauveur depuis deux jours. [...] Impression des lieux, nulle. – La patrie, ce sont les habitudes, et les miennes ne sont pas ici, n'y ont jamais été[4]. » Ce masque de dédain vise sans doute à dissimuler certaines plaies encore vives : les élans du jeune Barbey avaient été comprimés par la sévérité de son père et la froideur d'une mère plus mondaine que maternelle. Avec le temps s'instaure néanmoins une nostalgie certaine de Saint-Sauveur-le-Vicomte – enfant, il a « mangé bien des pommes aigres dans les douves [du] Donjon[5] » du château, se remémore-t-il en 1855. Quelques années plus tard, il se rappelle le jardin jadis fleuri de la maison familiale rue Bottin-Desylles, où il a « commandé l'armée de [ses] trois frères à cheval sur un bâton, et plus fier et plus heureux que Roger sur l'hippogriffe[6] ». Mais en 1868, la mort de son père entraînera

3. *Œuvres romanesques complètes*, Gallimard, coll. «La Pléiade », t. I.
4. *Memorandum* I, p. 776.
5. *CG*, t. IV, p. 230.
6. *M* V, p. 1103.

la vente des biens familiaux à Saint-Sauveur : l'écrivain regrette alors amèrement sa « niche à souvenirs d'enfance, vendue et bouleversée[7] ».

Au début de *L'Ensorcelée*, Barbey décrit Saint-Sauveur comme une « bourgade jolie comme une ville d'Écosse ». La comparaison n'est pas le simple fait du hasard. Elle est au contraire révélatrice d'une profonde ressemblance que Barbey perçoit entre la terre des chouans et celle des jacobites, l'« Écosse la plus Écosse, – celle de 1745[8] » : l'échec héroïque des deux insurrections captive son imagination de royaliste catholique. C'est à travers Walter Scott, « l'homme des superstitions de l'Écosse[9] », qu'il connaît ce pays. Son admiration pour Scott s'explique par la manière dont celui-ci intègre à son œuvre l'histoire et des légendes de son pays. Barbey estime d'ailleurs que « les romanciers, ces historiens des mœurs, [sont] bien plus profonds et bien plus éclairants [...] que les historiens de l'histoire[10] »,

Le style de Barbey est violent et délicat, il est brutal et il est exquis. C'est un mets d'enfer.
Anatole France

7. *CG*, t. VII, p. 149.
8. *Romanciers d'hier et d'avant-hier*, Paris, Lemerre, 1904, p. 130.
9. *Littérature étrangère*, Paris, Lemerre, 1890, p. 193.
10. *Les Romanciers*, Paris, Amyot, 1865, p. 176.

hypothèse que *L'Ensorcelée* semble confirmer puisqu'il y décrit la lande de Lessay sans l'avoir vue. De manière analogue, il faut donc voir dans la comparaison entre Saint-Sauveur et « une ville d'Écosse » la rencontre de deux imaginaires romanesques. Progressivement, les apparitions conjurées par sa plume forgeront entre l'écrivain et son terroir des attaches complémentaires de celles nouées lors de son enfance. « Je reverrai le Carteret où j'ai fait vivre Vellini[11] », s'enthousiasme l'auteur d'*Une vieille maîtresse* lors d'un séjour à Saint-Sauveur en 1856. Ryno de Marigny, le héros de ce même roman, est d'ailleurs à l'image de son créateur : il fut « élevé, *les pieds dans l'écume*, et de tous les souvenirs de son enfance, l'idée du temps passé en face de l'Océan était le seul qui ne le faisait pas souffrir[12] ». Écrire est pour Barbey une manière de s'approprier les lieux une seconde fois, et de les figer tels qu'il les aime.

À partir de 1870, lorsque Barbey fuira au moins une fois par an « ce hideux Paris », comme il l'appelle, c'est à Valognes qu'il séjournera. Il n'est pas d'autre nom de ville qu'il écrive aussi souvent ou avec une telle charge affective. Valognes, semble-t-il, ne lui rappelle que de bons souvenirs : adolescent, il s'y était sustenté de l'esprit de son oncle, l'amitié de son cousin et les charmes de sa cousine. Cette famille lui avait transmis un goût pour l'histoire, la philosophie et la médecine qui se retrouve à maintes pages de son œuvre… et certainement aussi quelques histoires d'alcôve locales dont il devait s'inspirer pour écrire *Les Diaboliques*. De douze

11. *CG*, t. V, p. 180.
12. *Une Vieille maîtresse*, p. 368. Un passage du *Memorandum cinquième* confirme le rapprochement : « Ai revu la mer – ma mer, que je pourrais orthographier ma mère ; car elle m'a reçu, lavé et bercé tout petit ».

à dix-sept ans, la vie de Barbey était à Valognes[13] : « Cette ville a de [son] cœur sous ses pavés et dans les pierres de ses maisons[14] », et les lieux où il a « senti et vécu fortement autrefois » lui évoqueront toujours de poétiques souvenirs. Dans la rue de Poterie, par exemple, « il fallait des planches jetées sur ces ruisseaux pour que le pied frissonnant des filles de Valognes y passât sans mouiller sa jupe » ; à l'église, il voyait « les Ernestine, les Léonore et les Ida des fières familles de Valognes traîner leurs grâces patriciennes ». Dans « cette ville, aristocratique tout le temps qu'il restera une seule de ces pierres élevées par l'aristocratie aux plus beaux jours de sa fortune », Barbey se sent à l'abri des « vanités égalitaires[15] » de son siècle comme de « la vanité du Progrès[16] ». Alors que Saint-Sauveur « perd son air moyen âge pour prendre l'exécrable physionomie moderne, [...] Valognes reste ce qu'il était dans [son] enfance. C'est toujours la ville blanche, aux hôtels Louis XIV[17] ». Valognes nourrit à la fois la mémoire et l'imaginaire de l'écrivain : dans sa « chère ville morte[18] », le temps s'est arrêté pour lui. Le souvenir, comme l'imaginaire, est pour lui un moyen de s'évader vers un passé où il se complaît davantage.

La Manche de Barbey d'Aurevilly, on l'aura compris, se situe à l'intersection du rêve et de la réalité. Sous sa plume, les lieux deviennent intemporels ; le promeneur d'aujourd'hui peut donc les retrouver comme ils furent autrefois, à condition d'imiter la démarche de l'écrivain qui les voyait avec « l'œil de sa propre pensée[19] ». ■

13. Jacques Petit, *Barbey d'Aurevilly critique*, Paris, Les Belles Lettres, 1963. 14. *MV*, p. 1122. 15. *Les Philosophes et les écrivains religieux*, Paris, Frinzine, 1887, p. 129. 16. *Les Ridicules du temps*, Paris, Rouveyre, 1883, p. 44. 17. *CG*, t. VII, p. 125. 18. *Ibidem*, p. 102. 19. *Littérature étrangère, op. cit.*, p. 347.

L'abbaye de Blanchelande.
La Normandie est une constante de l'œuvre aurevillienne.

La lande enchantée

Des rancunes couvent dans la campagne normande. Dans un climat de tensions partisanes entre chouans et « Bleus », et de tensions sociales entre pâtres nomades et propriétaires terriens, une fermière éprouve une étrange fascination pour un prêtre.

Maître Thomas Le Hardouey, monté sur sa forte jument d'allure, traversait la lande de Lessay. Il revenait de Coutances, où il avait passé plusieurs jours à s'entendre avec ses acquéreurs collectifs de propriétés dont l'association a porté plus tard le nom expressif de *Bande Noire*. Quoiqu'il eût fait avec ses associés ce qu'on appelle de bonnes affaires, et qu'il eût lieu de se féliciter, maître Thomas Le Hardouey n'avait pas cependant, ce jour-là, dans son air et sur son visage, le je ne sais quoi d'inexprimable qui fait dire en toute sûreté de conscience et de coup d'œil : « Voilà un heureux coquin qui passe ! » Il est vrai qu'il n'avait jamais eu, ainsi que maître Louis Tainnebouy, une de ces physionomies gaies et franches qui sont comme la grande porte ouverte d'une âme où chacun peut entrer.

Jamais, au contraire, plus que ce soir-là, sa figure hargneuse et froncée n'avait mieux ressemblé aux fagots d'orties et d'épines avec lesquels on bouche les trous d'une haie contre les bestiaux. Ses traits durs, hâves et *gravés*, n'étaient point adoucis par les tons de la lumière dorée et chaude d'un soleil qui disparaissait à l'horizon de la lande, comme un étincelant coureur qui l'avait traversée tout le jour. Depuis quelque temps, malgré l'état florissant d'une fortune qui s'arrondissait, maître Le Hardouey nourrissait une bilieuse humeur, causée par la santé et par la situation d'esprit de sa femme. Il l'avait plusieurs fois menée au médecin de Coutances, qui n'avait pas compris grand'chose à la souffrance de Jeanne, à cet état sans nom qui, comme toutes les maladies dont la racine est dans nos âmes, trompe l'œil borné de l'observation matérielle. « Qu'avait sa femme, *cette perle des femmes* ? » comme on disait dans le pays. Telle était l'idée fixe de maître Thomas Le Hardouey. Un jour, dans cette lande où il cheminait, il l'avait surprise, assise par terre, son visage, ce visage presque altier, tout en larmes, et pleurant comme Agar au désert. Et, quand il l'avait interrogée, elle avait eu un *courroux* dans lequel il la tint pour morte. C'est alors qu'il prit le parti de ne plus lui adresser la moindre question. Seulement, ce qu'il n'accepta pas avec cette souterraine manière d'enrager, qui était toute la résignation de son caractère, ce fut de voir bientôt cette ménagère incomparable, si vigilante et si active, se déprendre peu à peu de tout ce qui avait rempli et dominé sa vie, et laisser aller *tout à trac* au Clos. Jeanne, dévorée par une passion muette, était tombée dans une stupeur qui ressemblait presque à un commencement de paralysie. Ajoutez à tout cela ses visites à la Clotte, ses rencontres chez la vieille *tousée,* comme disait Le Hardouey dans son ancien langage de Jacobin, avec ce Chouan dont on glosait tant dans la contrée, et enfin les propos de chacun, ramassés en miettes, à droite et à gauche, et vous aurez le secret des ennuis qui s'épaississaient sur les sourcils barrés de maître Thomas.

Il tenait assez bien le milieu de la lande, et son cheval marchait d'un bon pas. Il ne voulait pas que la nuit le prît dans ces parages, alors au plus fort de leur mauvaise renommée, et dont l'aspect trouble encore aujourd'hui les cœurs les plus intrépides. Fort avancé du côté de Blanchelande, il calculait, en éperonnant sa monture, ce qui lui restait de jour pour sortir de cette étendue, après que le soleil, qui n'était plus qu'un point d'or tremblant à cette place de l'horizon où la terre et le ciel, a dit un grand paysagiste, *s'entre-baisent quand le temps est clair*, aurait entièrement disparu. La journée, qui avait été magnifique et torride, finissait sur l'Océan grisâtre, sans transparence et sans mobilité, de cette lande déserte, avec la langoureuse majesté de mélancolie qu'a la fin du jour sur la pleine mer. Aucun être vivant, homme ou bête, n'animait ce plan morne, semblable à l'épaisse superficie d'une cuve qui aurait jeté les écumes d'une liqueur vermeille par-dessus ses bords, aux horizons. Un silence profond régnait sur ces espaces que le pas de la jument d'allure et le bourdonnement monotone de quelque taon, qui la mordait à la crinière, troublaient seuls. Maître Thomas trottait, pensif, la tête plongée au creux de son estomac et le dos arrondi comme un sac de blé, lorsqu'une haleine du vent qui lui venait à la face lui apporta les sons brisés d'une voix humaine et lui fit relever des yeux méfiants. Il les tourna autour de lui, mais, de près ni de loin, il ne vit que la lande, fuyante à l'œil, qui poudroyait. Tout esprit fort que fût maître Le Hardouey, ces sons humains sans personne, dans ces landages ouverts aux chimères

La chevauchée de l'abbé de la Croix-Jugan dans la lande de Lessay que Barbey, visionnaire, décrivait sans l'avoir encore vue.

et aux monstres de l'imagination populaire, produisirent sur ses sens un effet singulier et nouveau, et le disposèrent sans nul doute à la scène inouïe qui allait suivre. Plus il s'avançait, plus la voix s'élevait du sentier que suivait son cheval aux oreilles frissonnantes, qui titillaient et dansaient en vis-à-vis des nerfs tendus du cavalier.

La pourpre éclatante du couchant devenait d'un rouge plus âpre, et plus cette rouge lumière brunissait, plus la voix montait et devenait distincte, comme si de tels sons sortissent de terre, de même que les feux follets sortent des marais vers le soir. Ces sons, du reste, étaient plus tristes qu'effrayants. Le Hardouey les avait maintes fois entendus traîner aux lèvres des fileuses. C'était une complainte de vagabond, dont il distingua les couplets suivants :

Nous étions plus d'cinq cents gueux,
Tous les cinq cents d'une bande,
C'est moi qui suis l'plus heureux,
Car c'est moi qui les commande !
Mon trône est sous un buisson,
J'ai pour sceptre mon bâton.
Toure loure la,

La, la, la, la, la, la, la, la (*a*) ! [...]
Je ne crains pé, pour ma part,
De tumber dans la ruelle,
Ou qu'la chaleur de mes draps
Ne m'engendre la gravelle...
Je couche sur le pavé,
Ma besace à mon côté.
    Toure loure la,
La, la, la, la, la, la, la, la !

Au dernier *la* de ce couplet, Le Hardouey atteignait un repli de terrain [...] et il avisa, très bien cachés par ce mouvement du sol, comme une barque est cachée par une houle, trois mauvaises mines d'hommes couchés ventre à terre, comme des reptiles. Malgré la chanson de pauvre que chantait l'un d'eux et le costume qu'ils portaient, et qui est le costume séculaire des mendiants dans le pays, ce n'étaient pas des mendiants, mais des bergers. Ils avaient la vareuse de toile écrue de la couleur du chanvre, les sabots sans bride garnis de foin, le grand chapeau jauni par les pluies, le bissac et les longs bâtons fourchus et ferrés. Des liens d'une paille dorée et luisante, solidement tressée, avec lesquels ils attachaient le porc indocile par le pied ou le bœuf têtu par les cornes, pour les conduire, se tordaient autour de leur avant-bras, comme de grossiers bracelets, et ils avaient aussi de ces liens qu'ils tressaient eux-mêmes en bandoulière par-dessus leurs bissacs, et autour de leurs reins par-dessus leur ceinture. À l'immobilité de leur attitude, à leurs cheveux blonds comme l'écorce de l'osier, à la somnolence de leurs regards vagues et lourds, il était aisé de reconnaître les pâtres errants, les lazzarones des landes normandes, les hommes du rien-faire éternel.

Quand ils entendirent derrière eux, et près d'eux, les pas du cheval de Le Hardouey, qui, sans les voir, arrivait au trot sur leur groupe, le plus rapproché se leva à demi en s'aidant de son bâton, qu'il dressa, et, par ce geste, effraya la jument, qui fit un écart.

« Orvers[1] ! – lui cria Thomas Le Hardouey en reconnaissant la tribu errante qu'il avait bannie du Clos, – est-ce pour faire broncher la monture des honnêtes gens que vous vous couchez comme des chiens ivres sur leur passage ? Engeance maudite ! Le pays ne sera donc jamais purgé de vous ?... »

Mais celui qui s'était soulevé en s'appuyant sur son bâton piqué en terre retomba et s'accroupit sur les talons ferrés de ses sabots, en jetant sur Le Hardouey un regard ouvert et fixe comme le regard d'un crapaud. On l'appelait : « le Pâtre ». Personne, dans la contrée, ne lui connaissait d'autre nom, et peut-être n'en avait-il pas.

« Porqué que j'ne coucherions pas ichin ? – répondit-il. – La terre appartient à tout le monde ! » – ajouta-t-il avec une espèce de fierté barbare, comme s'il eût, du fond de sa poussière, proclamé d'avance l'axiome menaçant du Communisme moderne. Accroupi, comme il l'était, sur le talon de ses sabots, le bâton fiché dans la terre comme une lance, la lance du partage, au pied de laquelle on doit faire, un jour, l'expropriation du genre humain, cet homme aurait frappé, sans doute, l'œil d'un observateur ou d'un artiste. Ses deux compagnons, étalés sur le ventre, comme des animaux vautrés

1. Pour *orvets*, patois normand.

dans leur bauge ou les bêtes rampantes d'un blason, ne bougeaient pas plus que des sphinx au désert et guignaient le fermier à cheval, de leurs quatre yeux effacés sous leurs sourcils blanchâtres. Maître Le Hardouey ne voyait dans tout cela, lui, que la réunion de trois pâtres indolents, insolents, sournois, une vraie lèpre humaine qu'il méprisait fort du haut de son cheval et de sa propre vigueur ; car il n'avait pas froid aux yeux, maître Le Hardouey, et il savait enlever un boisseau de froment sur les reins d'un cheval aussi lestement qu'il en eût descendu sa femme dans ses cottes bouffantes ! Et c'est pourquoi ces trois fainéants, au teint d'albinos, qui, de leurs longs corps de mollusques, barraient le sentier à cet endroit de la lande, ne l'effrayaient guère... Et pourtant... oui, pourtant... était-ce l'heure ? Était-ce la réputation du lieu où il se trouvait ? Étaient-ce les superstitions qui enveloppaient ces pâtres contemplatifs, dont l'origine était aussi inconnue que celle du vent ou que la demeure des vieilles lunes ?... Mais il était certain que Le Hardouey ne se sentait pas, sur sa selle à pommeau cuivré, aussi à l'aise que sous la grande cheminée du Clos et devant un pot de son fameux cidre en bouteille. Et vraiment, pour lui comme pour un autre, ce groupe blafard, à ras de terre, éclairé obliquement par un couchant d'un rouge glauque, avait, dans sa tranquillité saisissante et ses reflets de brique pilée, quelque chose de fascinateur.

Jules-Amédée BARBEY D'AUREVILLY
L'Ensorcelée

Didier Decoin.
« La Normandie, ma référence et ma préférence françaises. »

AUDERVILLE, GOURY

MA PRÉFÉRENCE FRANÇAISE,
par Didier DECOIN*

Je n'avais que huit ans lorsque j'assistai à une projection du *Salaire de la peur* d'Henri-Georges Clouzot. Mon père m'y avait conduit parce que ce rude et beau film dédié au courage, et sans doute aussi à la folie des hommes, était supposé faire leçon pour le petit bouffon que j'étais. Ce n'est pourtant pas l'héroïsme des chauffeurs pilotant des camions de nitroglycérine susceptibles d'exploser à la moindre ornière qui me laissa le souvenir le plus impérissable, mais la scène finale où l'on voit Yves Montand respirer voluptueusement un vieux ticket de métro fétiche dont le fumet poivré (odeur de vêtements pluvieux, de sueur, de métal chaud) lui rappelle Paris dont la vie l'a éloigné – et dont la mort, dans une fraction de seconde, va le séparer à jamais.

Si je dois à mon tour me perdre un jour à des milliers de kilomètres de la France, ce n'est pas un ticket de métro que j'emporterai pour couver – et cuver – ma nostalgie : mon viatique sera l'image (photo, dessin, peut-être une page de Maupassant) d'une campagne d'un brun lourd et profond, avec de grassouillets labours nappés de brumes crémeuses, avec les joncs gris des clochers qui font tourner au vent leurs embrochées de coqs zingués, les villages arrondis qui mûrissent

* De l'académie Goncourt

et se tassent lentement sous la croûte mordorée de leurs toitures en tuiles, avec tout au bout la mer comme une de ces fourrures que l'on jette en vagues au pied du lit des reines – car c'est bien d'une reine qu'il s'agit, ma reine de France à moi, la Normandie (ou plutôt *les* Normandie, puisqu'il paraît qu'elles sont deux), ma référence et ma préférence françaises.

J'avais deux ans lorsque mon père, sur un coup de tête, acheta une ferme passablement décatie entre Vernon et Pacy-sur-Eure. La maison sentait le hibou, ses volets pendouillaient, ses cheminées étaient bouchées par des maçonneries d'hirondelles, et sa cour éventrée était si désespérément glaiseuse qu'on ne pouvait la traverser qu'en adoptant le pas des patineurs.

Dès lors, c'est vers elle que nous emporta chaque été la 15 CV Citroën au long capot de squale noir. Ainsi n'ai-je longtemps connu de la Normandie que son visage d'été, ce sabbat de hannetons, de fétus de paille et de nuages fessus voletant dans l'air bleu.

C'est dans ses chemins crayeux, à travers la nasse de ses ronceraies, sur ses mamelons qui violaçaient sous les orages d'août, que j'ai appris que le plus beau des mondes est moins celui qui est que celui qu'on s'invente.

La moindre mare m'était marigot où j'immergeais des bûches pour simuler des troupes d'alligators, je rampais dans la savane des moissons armé d'un fusil qui tirait des flèches à ventouses, je m'embusquais derrière les haies vives pour guetter ce puma qui, me répétait-on chaque année pour me faire tenir tranquille, s'était évadé d'une ménagerie et rôdait en cherchant qui dévorer. Sous un tilleul, j'accrochais une corbeille à linge qui me tenait lieu de nacelle de ballon à air chaud, à bord duquel je survolais une Afrique improbable qui fleurait bon le sureau, la prune, où le bruissement des abeilles figurait le rugissement du fameux puma dans le lointain – de tout, absolument de tout, sont capables les enfants qui rêvent.

Si cette Normandie qu'on appelle Haute m'inspira des fantasmes et des jeux (ce qui d'ailleurs est un peu la même chose), si elle fut en somme mon premier et véritable professeur d'imagination, c'est dans la Normandie qu'on dit Basse que j'apprends aujourd'hui à écrire – car je me considère toujours comme en apprentissage.

Elle aussi, cette Normandie seconde, plus marine que terreuse, je l'ai découverte en culottes courtes. Tout à la pointe d'icelle, au cap de la Hague, j'avais passé quelques semaines de vacances dans la maison d'un camarade. Je ne suis pas jaloux, mais je le fus cette fois : rien ici n'était à moi, où je me sentais pourtant immensément chez moi.

La fin du séjour me fut un déchirement. Ma seule consolation était de me persuader que j'aurais moi aussi, un jour, ma vue sur la mer – et sur cette mer précisément, car je n'en voulais point d'autre –, que j'habiterais une maison boisée qui grincerait, craquerait et gémirait comme une goélette dans la tourmente, que je dormirais (et plus si affinités) dans une chambre nuitamment balayée par un phare – et plutôt deux si possible.

Je n'en parlai à personne, pas même à Dieu, évitant même de retourner dans la Hague par peur que

l'étrange petite terre sorcière n'eût été qu'un songe, au même titre que le rêve (mais au fait, en est-ce un ?) que je sais voler et me percher sur le bord des gouttières – à condition qu'elles soient en zinc, car je glisse irrémédiablement des gouttières en plastique.

Mais en 1977, quelques jours après notre mariage, je m'enhardis à mener ma toute jeune femme sur les falaises de là-bas, au-dessus de la baie d'Ecalgrain et du Creux du Mauvais-Argent, et lui présentai cette Desdémone de granit dont j'étais depuis si longtemps l'Othello.

C'était un soir d'octobre, une queue de tempête sous un ciel ecclésiastique, moitié rouge cardinal moitié violet épiscopal. À l'horizon le ciel et la mer étaient comme cousus ensemble par de longues aiguilles de pluie, à nos pieds il neigeait de l'écume sur les fougères.

Chantal contempla longtemps mon désir (qui ce soir avait tout d'un délire), et puis, de sa petite voix d'hirondelle, elle murmura : « Crois-tu que tu pourrais écrire dans un pays pareil ?... »

Je l'embrassai – c'était plus rapide que de dire oui : je ne savais pas si je *pourrais*, mais je savais que je *voulais*[1].

Certes, nous ne possédions pas de quoi investir, fût-ce dans une niche à chien ; mais nous étions riches, et riches *ensemble*, de l'envie irraisonnée, furieuse, irrépressible, de trouver à nous blottir sous un toit, même démantibulé, pourvu que ce fût quelque part sur cette haute lande rabotée jusqu'à la roche par la ruée des vents fous.

C'est en parallèle à la quête, à la découverte, puis à l'acquisition et à l'aménagement de notre maison de pêcheur sise à la pointe extrême de la Hague[2], dans un foisonnement presque excessif d'ajoncs, de bruyères, d'hortensias et de déferlantes, que j'ai écrit *Les Trois Vies de Babe Ozouf* – pour me tenir lieu de ticket de métro fétiche quand je commets la folie (toujours provisoire, mais j'ai si peur d'égarer mon billet de retour...) de m'éloigner de cette Normandie des rocs où j'ai vrillé mes racines. ■

1. C'est à partir de 1977 que j'écrivis les romans dont je suis le plus fier, en particulier *John L'Enfer* (prix Goncourt 1977), *L'Enfant de la mer de Chine* (1981), *La Femme de chambre du Titanic* (1991), *La Promeneuse d'oiseaux* (1996), *La Route de l'aéroport* (1997), *Louise* (1998), *La Bible racontée aux enfants*, etc.
2. Voir à ce sujet *Avec vue sur la mer*, Paris, Nil éditions, 2005.

L' hôtel de la Mer, à Goury

Le temps qu'elle franchisse à pied les trente kilomètres à peu près séparant Cherbourg du cap de la Hague, la tempête s'est levée.

Il fait nuit quand elle sort d'Auderville et trébuche sur la route qui descend jusqu'au port de Goury.

Dans les rues la nuit, à Bayeux et ailleurs, il y avait des chiens qui aboyaient. Par ici aussi on aboie, mais c'est la mer. Elle se lamente, elle hurle à la mort. À droite, tout au bout du damier des champs entourés de murets bas, Catherine aperçoit de grandes plumes d'écume qui voltigent dans la lumière intermittente du phare.

Et l'odeur n'est pas du tout comme à Cherbourg : violente, elle vient du crépitement de l'eau salée sur les déjections d'animaux – moutons, vaches et chevaux libres – qui donnent à la lande ses couleurs trompeuses de terre riche, elle vient du mélange du goémon et des champignons.

Il suffit de quelques secondes pour que Catherine soit trempée par une pluie déroutante, une averse qui ne tombe pas du ciel mais qui court à l'horizontale sur la terre, une sorte de mer arrachée à la mer, très fine.

– Cette fois, dit Catherine, c'est ma mer.

Une auberge ferme la route, après le port dont la digue disparaît ce soir sous le tonnerre des vagues. Près de la maison-abri du canot de sauvetage *la Germonière*, le patron et quelques volontaires de l'équipage hésitent à rentrer chez eux : balancée par le vent, la cloche de l'église d'Auderville a sonné tout à l'heure – ce qui est un présage de malheur, de naufrage : *Quand cette cloche tintera, grande tristesse l'on verra.*

Alors on a guetté le canon du sémaphore de la Marine qui donne le signal de l'alerte, on a même dépêché un éclaireur chez les militaires :

– Des bâtiments au large ?

– Pas facile à dire ! Aucun feu n'est visible, mais derrière ces murailles qui montent, qui montent, va-t'en savoir s'il n'y a pas une petite bête malade, démâtée, par le travers de la lame…

– Y aura alerte avant l'aube, c'est du sûr, dit le patron du canot quand on lui rapporte les paroles des sentinelles.

On renvoie l'éclaireur, à Auderville cette fois, prévenir les femmes qu'on reste en bas encore un moment.

C'est en regardant filer leur messager que les hommes de *la Germonière* aperçoivent la petite fille que les rafales font chanceler sur la route.

Malgré l'obscurité mal déchirée, et surtout trop brièvement, par le faisceau du phare, ils voient qu'elle n'est pas du pays.

Le patron continuant de surveiller les préparatifs de mise en œuvre du canot, c'est le sous-patron qui va à la rencontre de Catherine. Ils sauvent tout ce qui se présente, ces gens-là, que ça vienne des vagues ou des champs.

– Perdue ?

– Au contraire, monsieur : je suis arrivée. Merci bien, monsieur.

Malgré les trombes d'eau qui s'écroulent sur elle chaque fois que la mer frappe la digue et jaillit par-dessus, Catherine sourit.

L'auberge a un nom, sans doute banal. Hôtel de la Marine, hôtel du Cap ou hôtel du Phare. Mais à peine la petite l'a-t-elle lu au fronton délavé qu'elle l'a déjà oublié. Curieusement, elle ne parviendra jamais à se le rappeler, elle confondra. Elle finira par dire *l'auberge*, voilà tout.

La salle est aussi tumultueuse que la jetée du port. Non pas à cause des clients, il n'y en a pas. Mais parce que la bourrasque est effroyable et les cloisons trop minces, des cloisons rajoutées pour créer de nouvelles pièces, de nouveaux couloirs dans la grande bâtisse. Là-dedans, ça cogne, ça siffle et ça grince comme sur un voilier. Les tenanciers, Gustave et Jeanne-Marie Lecadrot, se déplacent d'ailleurs comme sur un sol instable, ils se retiennent aux tables et aux chaises, se balancent semblables à ces poupées de foire dont le socle est une demi-sphère.

– Une omelette aux coques et un gâteau aux pommes ? propose Jeanne-Marie en essuyant le visage de Catherine à l'aide d'un torchon.

– Une chambre aussi, peut-être ? fait Gustave, engageant.

Avec cette tempête qui souffle, Catherine représente une clientèle inespérée.

– Oui, tout ça, dit la petite fille en s'asseyant sur un banc.

Le sourire qu'elle adressait il y a un instant au sous-patron de *la Germonière*, maintenant c'est un rire. Jusqu'à présent, elle n'avait connu que des contentements, des apaisements.

Et cette nuit, voilà le bonheur.

Parce que ici où c'est obscur et où ça hurle, près du feu dans cette cheminée qui dépare la pièce comme une

Le phare de Goury, la pointe extrême de la Hague, « l'étrange petite terre sorcière ».

bouche trop grande sabote un visage, ça ressemble à chez elle.

Elle soupe sous l'œil d'abord attendri, puis intrigué, des Lecadrot : ils n'ont jamais vu une petite fille manger avec autant de voracité, se gaver de pain à ce point-là sans même prendre le temps de le tartiner de beurre – il est vrai qu'ils n'ont pas souvent eu de petites filles à l'auberge.

Leurs clients sont surtout des fonctionnaires des Phares et Balises, des entrepreneurs sollicités pour aménager la nouvelle cale de lancement du canot de sauvetage, pavée et cimentée, ouverte du côté extérieur du port. Il leur arrive bien aussi quelques peintres venus là étudier des paysages sauvages et maritimes, mais ils ne restent pas longtemps à cause du vent qui renverse leurs chevalets, des embruns qui troublent et diluent leurs couleurs. Quant aux naufragés ramenés à terre par *la Germonière*, peut-on parler de clients ? Gustave Lecadrot n'a pas le cœur à les faire payer, et il pourrait pourtant, parce que ces pauvres gens sont choqués, muets, comme anesthésiés, ils se serrent sur le même banc près de la cheminée où l'on fait ronfler pour eux un feu excessif.

Didier DECOIN,
Les Trois Vies de Babe Ozouf

Ce n'est pas la solitude que Prévert venait chercher ici, non ! Il était tout le contraire d'un solitaire, il aimait avoir sa cour autour de lui, préférait les jeunes, et créateurs de préférence. Et puis, comme il aimait le dire : « Ici, on me fout la paix ! »

OMONVILLE-LA-PETITE

L'AMI JACQUES,
par Gérard FUSBERTI

J'avais vingt-deux ans quand je rencontrai les Prévert. Au début, Jacques ne me plut pas, il me faisait peur, impressionné que j'étais par sa célébrité... Il avait l'air de voir l'intérieur des choses et des gens, quoi de plus inquiétant ?... C'est Janine qui m'attira et m'adopta d'abord.

Mais très vite il a su me séduire. Il savait faire cela. Quand il adoptait quelqu'un il devenait un peu despotique, mais il aimait : intellectuellement, affectivement, moralement. Il trouvait toujours des solutions aux problèmes de ses amis, qui passaient avant tout, même si c'était des marginaux quelquefois !

Le premier contact de Jacques Prévert avec la Hague date de 1930. Au retour d'un mariage « à la mode de Bretagne », où ils avaient fait la bringue pendant des jours, Prévert, le peintre Tanguy et Pierre Batcheff firent halte dans un hôtel, disparu aujourd'hui, à Goury. Coup de cœur pour ce bout du monde, balayé par le vent... Jacques y reviendra. Tout un réseau d'amis prendra l'habitude de venir ici : Marcel Carné, qui tournera *La Marie du port* à Cherbourg, Boris Vian, lors de ses fréquents séjours à Landemer, Henri Salvador, Henri Crolla, René Bertelé son éditeur et ami. Tout près s'installeront les Racz et Trauner, l'ami fidèle...

Cet hôtel était devenu le siège de la galerie d'antiquités que je dirigeais, quand en 1966, Prévert croyant qu'il existait toujours, me téléphone, désireux de réserver une chambre pour son frère. C'est ainsi que j'ai rencontré la famille Prévert et commencé à lui louer des chambres inoccupées. Je suis devenu à jamais pour eux « Gérard de Goury » (Jacques signa lui même plus tard le courrier qu'il m'adressait « Jacques d'Omonville-la-Petite »), et le spécialiste des homards dont les Prévert se régalaient ! C'est aussi cela qu'ils aimaient ici : la bonne vie au bord de la « vraie » mer, en même temps que dans une « vraie » campagne, où les amis prenaient plaisir à se retrouver pour faire la fête. Ce n'est pas la solitude que Prévert venait chercher ici, non ! Il était tout le contraire d'un solitaire, il aimait avoir sa cour autour de lui, préférait les jeunes, et créateurs de préférence. Et puis, comme il aimait le dire : « Ici, on me *fout* la paix ! »

On n'avait jamais l'impression de le voir travailler. Parfois, il quittait la table pour griffonner quelques notes, mais c'était léger, simple. Vers la fin, il nous dit « je n'ai jamais rien foutu de ma vie », étonnant quand on fait l'inventaire de tout ce qu'il a réalisé, poèmes, scénarios, collages ! Il vivait, c'était tout.

Je suis devenu très proche d'eux, Janine Prévert m'appelait « mon fils préféré ». Ils n'avaient qu'une fille, Minette, de deux ans plus jeune que moi. C'est d'ailleurs pour elle que les Prévert avaient élu la Hague : à huit ans, ce lieu était le seul où elle consentait à manger. J'étais son ami, son complice, tout cela nous rapprocha.

En 1970, les Prévert me demandèrent de leur trouver une maison. Un matin, je leur fis visiter la maison d'Omonville-la-Petite : dans le jardin je trouvai un trèfle à quatre feuilles que j'offris à Janine. Jacques dit alors : « C'est la bonne ! » Ils ne la quittèrent plus.

En 1970, les Prévert me demandèrent de leur trouver une maison. Jacques était déjà atteint d'un cancer du poumon. Un matin, je leur fis visiter la maison d'Omonville-la-Petite : dans le jardin je trouvai un trèfle à quatre feuilles que j'offris à Janine. Jacques dit alors : « C'est la bonne ! » Ils ne la quittèrent plus.

Tout ce que j'avais découvert dans ce pays d'adoption, je le leur fis découvrir. Goury et son phare étaient l'endroit préféré où ils venaient souvent se promener après dîner. Il y avait aussi les extraordinaires dunes de Biville, l'étrange et solitaire manoir de Pénitot à l'atmosphère anglaise, Landemer où Boris Vian passait ses vacances. La mine de fer abandonnée de Diélette était un fabuleux décor de film pour Prévert, poétique et tragique à la fois !

Jacques était bon marcheur, la découverte était au bout de chaque chemin dans cette région. Il aimait se baigner à Goury ou au port Racine, même à Noël, car il n'était pas frileux.

Quand il lui arrivait de passer devant le centre atomique qui grandissait de mois en mois, il disait « Cela fera de vilaines ruines ! » Il avait découvert le jardin des Pellerin au château de Vauville, où en quarante années de bagarre contre le vent, Éric Pellerin avait fait pousser du sol une extraordinaire oasis. Le jardinier de Vauville et le poète d'Omonville devinrent amis. Il aimait beaucoup Cherbourg, il avait une passion pour les ports « parce qu'il s'y passe toujours quelque chose », ne serait-ce que prendre un verre avec des pêcheurs et écouter leurs récits de sauvetage, de ce raz Blanchard qui est si beau de loin et si terrifiant quand on l'approche.

Lui qui n'aimait pas beaucoup les écrivains mais qui aimait les livres, me fit lire Barbey d'Aurevilly, qu'il admirait beaucoup, passionné par le côté diabolique de ses romans, le soufre qui s'en dégage et l'esprit surréaliste avant l'heure. Je l'emmenais dans la lande de Lessay, à Saint-Sauveur-le-Vicomte, à Blanchelande : Jacques était enchanté de tout, il vivait très intensément ces endroits, tellement curieux, où Barbey avait vécu.

G. Fusberti, que les Prévert aimaient à nommer « Gérard de Goury ».

Lui-même a beaucoup écrit à Omonville, par exemple le livre *Adonides*, réalisé avec son ami Miró, textes et aquarelles. Il faisait aussi beaucoup de

Le jardin en hommage à J. Prévert. *Tous les amis vinrent y planter leur arbre. Il est bon que ce jardin s'épanouisse en même temps que le souvenir de celui qui enluminait ses textes de fleurs, qui aimait les arbres, et qui cultiva plus que tout l'amitié.*

collages : c'était pour lui un retour à l'enfance, facile, agréable : découper, laisser aller la main et l'imagination. Picasso en regardant ses collages ne lui avait-il pas dit : « Tu ne sais pas peindre mais tu es peintre » ? Quand il voulait faire plaisir à quelqu'un, il offrait un collage : il m'a fait des collages de menhirs parce qu'il me savait passionné d'archéologie. Tout le monde dans la région a eu des collages de Jacques : le maçon, le menuisier, les livres d'or de l'hôtel de Goury ou de l'Erguillère, à Port-Racine, où les Prévert étaient venus régulièrement avant d'acheter leur maison.

Son atelier était sa pièce à vivre. La dernière année de sa vie, on y avait installé son lit florentin du XVIIe siècle, j'y avais mis des fauteuils baroques, son

Une pierre tombale, une maison, un jardin, nous avons voulu que ce pays qui a été le sien garde son empreinte.

style préféré. L'atelier était à la fois salon et salle à manger, tout le monde y vivait parmi ses papiers, ses bouquins, sa télé : son domaine.

Les derniers mois, il était devenu un peu amer : la maladie, les soucis familiaux, sa lucidité dans les affaires du monde : « Je suis un autre, un autre qui regarde celui d'avant, sans intérêt d'ailleurs. » Ses derniers moments n'ont été qu'affectueux, il nous savait dans la peine, il gardait pudiquement ses souffrances. Quand on lui présentait un journal, il le laissait tomber très vite, nous croyions qu'il ne s'intéressait plus à rien : nous avons découvert à la fin qu'en fait il était devenu aveugle. Il pouvait dire, dénoncer, crier en écrivant, mais dans la vie privée il avait cette pudeur des hommes du XIXe siècle !

D'ailleurs, lui qui aimait le rire, l'humour, la fête, détestait la grivoiserie, la vulgarité.

Légèreté, pudeur : un jour qu'il passait devant le petit cimetière où il est enterré, il dit à sa femme : « Regarde comme c'est pratique, c'est tout près de chez nous. »

Une pierre tombale, une maison, un jardin, nous avons voulu que ce pays qui a été le sien garde son empreinte. En 1980, j'ai commencé à créer un jardin pour mon plaisir. À l'approche de l'anniversaire des dix ans de la mort de Prévert, j'ai proposé à Janine de dédier ce jardin à la mémoire de Jacques.

Tous les amis vinrent y planter leur arbre. Il est bon que ce jardin s'épanouisse en même temps que le souvenir de celui qui enluminait ses textes de fleurs, qui aimait les arbres, et qui cultiva plus que tout l'amitié. ■

Propos recueillis par Marie-Odile LAÎNÉ

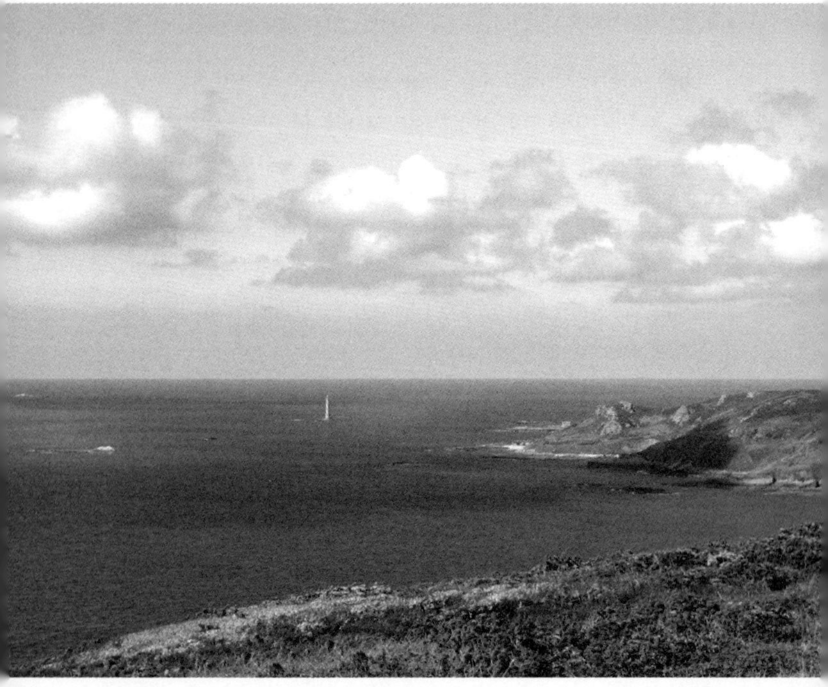

Et la mer aussi, soudain je l'ai rencontrée. Et devant elle je retrouve ma joie secrète, silencieuse, immobile, mon refus, mon démenti à presque tout.

Le gardien du phare aime trop les oiseaux

Des oiseaux par milliers volent vers les feux
par milliers ils tombent par milliers ils se cognent
par milliers aveuglés par milliers assommés
par milliers ils meurent

Le gardien ne peut supporter des choses pareilles
les oiseaux il les aime trop
alors il dit Tant pis je m'en fous !

Et il éteint tout

Au loin un cargo fait naufrage
un cargo venant des îles
un cargo chargé d'oiseaux
des milliers d'oiseaux des îles
des milliers d'oiseaux noyés.

Jacques Prévert
Histoires et d'autres histoires, 1963

Alexis Salatko.
Alexis, outre du style, a du jarret. Ce flâneur a longtemps busoqué, *nez en l'air, enquillant les kilomètres avant de tasser les mots et d'empiler les phrases. Il connaît la Manche comme sa poche.*

CHERBOURG

AH ! L'EXQUIS SALATKO,
par François SIMON

« Cherbourg, Cherbourg, trois minutes et trois fois le tour. » Les petites villes ont parfois l'élégance de se moquer de leur petitesse. Cherbourg est une ville ricaneuse, ouverte au monde, fermée comme une huître. Et venteuse. Et promenante. Très salatkienne, somme toute. Car Alexis, outre du style, a du jarret. Ce flâneur a longtemps *busoqué*, nez en l'air, enquillant les kilomètres avant de tasser les mots et d'empiler les phrases. Il connaît la Manche comme sa poche. Sa ville du bout et du bord du monde, il y a marché. Il l'a mâchée. Il en sait les mimosas et les hivers siciliens, les pluies raides comme la justice, les vents qui se mouchent dans les boëls et vous font rentrer la nuque dans les épaules, les étés rares et irlandais, les printemps ondoyants, incertains, laborieux et cruels, les parfums de criée et de limaille de fer. Cherbourg est une ville qui sent l'effort. Les géographes diraient : ouvrière. Les météorologues : dépressive fraîchissant Ouest. Salatko a plus d'audace. Pour lui, Cherbourg c'est Brooklyn, Saint-Pétersbourg, Prague un peu, Liverpool beaucoup. Il est exquis, Alexis. Il voit la Neva ourler la plage Napoléon, les griffes de fraîcheur et d'ombre tchèques hérisser le bassin de Commerce, les tours du Casino gratter les ciels pommelés, la Divette chalouper et cousiner avec le Merseyside. Qu'est-ce qu'un écrivain ? C'est quelqu'un qui met des mots rares sur des choses ordinaires. Quelqu'un qui nous transporte. Et nous serine : allez voir là-bas, vous y êtes.

Il a été le premier – mais les poètes sont toujours devant nous autres – à poser un regard un peu tendre sur le toit de cuivre vert de la gare maritime, à souffler aux Cherbourgeois que se *pétarder* une telle ligne d'horizon était une offense. Cette gare fantomatique, il l'a baptisée Notre-Dame des Queens. En lui donnant un nom, il l'a sauvée. Les écrivains ont vocation à allumer les cierges qui éclairent le miroir de nos négligences. Ils nous rappellent que les allumettes doivent cesser de jouer avec nos enfances. Merci, pèlerin.

D'où lui vient cette manie de mettre un pied devant l'autre et d'additionner « les trois minutes et les trois fois le tour » ? Mystère et boules de gomme. Il faudrait aller gratter sous le carbone 14 des jeunes années. Du côté d'une grande maison de la rue du Val-de-Saire, quartier des pilotes, banlieue du bizarre où les jardins d'agrément battent de l'œil et commencent à être déplantés par les potagers. Il faudrait attendre que le soleil s'effondre et que la nuit s'installe. Et tendre l'oreille. Et mesurer la trace indélébile que laisse la longue plainte des paquebots qui déhalent et mugissent quai de France, cher « *pier* » de tant d'errance.

Voilà, c'est cela peut-être : Alexis Salatko est tout bêtement né sous le vent du port de commerce. Il est tatoué, notre rêveur d'escales, notre voyageur immobile. Il a la musique du *Bremen*, du *Queen Mary* et du *Lusitania* dans la conque des deux oreilles. Dans les nuits d'encre, les superlatifs flottants chantent leur mélodie sur l'octave la plus basse. La note bleue arrive jusqu'à la chambre du jeune homme. Les grands navires ont des voix de ventre, de dessous la ligne de flottaison. Des voix d'opéra, à casser le cristal, à déchirer la brume. Salatko carbure à ces concerts-là, au tempo profond des bateaux majestueux qui glissent dans l'ombre, élégants comme des cygnes, aussi lumineux que des sapins de Noël.

Jeune lycéen, habillé de candeur et d'ironie, parfaite tête à claques pour prof de lycée psychorigide, Alexis a eu très tôt l'allure d'un Monsieur Jadis. Il prétendait, l'innocent nostalgique, que les bateaux en tôle rivetée transportaient de la neige et des cerises, des idées neuves et des billes de bouleau balte, la misère du monde et de chics élégantes. Ça ne l'a jamais quitté. Guérit-on de son enfance ? Est-ce une maladie ?

Nous ne l'avons connu, du plus loin qu'il nous souvienne, qu'en écrivain à venir. Écrivain, c'était écrit. Il portait une œuvre et des impers mastic. Il avait le feu, lisait des auteurs américains et de la grande prose russe, roulait l'air absent et romantique sur son Solex d'ébène, brûlait les stops, enfilait les sens interdits, mentait aux policiers qu'il habitait rue des Moutons. Chenapan : la rue des Moutons était la seule rue de la ville à ne compter aucune maison, rien que le sandwich des hauts murs de l'hôpital des Armées et du stade municipal. Rue des Moutons, notez, ça lui allait très bien à ce petit prince.

Un jour, il a eu 20 ans. Il a débarqué avec *Le Tigre d'écume* sous le bras. Son premier roman chez Gallimard. Son nom sur la jaquette coquille d'œuf. Il est des jeunes gens pressés de rejoindre les lieux de compétence pour ferrailler avec les illustres. Dès les premiers pas, Alexis a posé ses chaussures chez les grosses pointures. En était-il fier, ce brûleur d'étapes ? Moins que nous. Lui, il marchait. Il en a parcouru des milliers de « trois minutes et de trois fois le tour ». Il a longtemps été maigre comme un clou, solitaire peuplé de ses histoires à bouturer d'urgence, habité de ce coin où il demeure et vaque.

Certains jours, il est ridé comme une vieille pomme, plein de nœuds sur le visage. D'autres, lisse et chérubin. Quand Salatko pond, ça se lit sur lui. Il a une tête de manuscrit. Il est raturé de partout. Il porte sur lui la douleur d'écrire comme on en rêverait et comme il l'entend. Je crois qu'il souffre quand ça lui prend, cette maladie des mots, cette bataille de la langue, cette menuiserie qui vous abrase les copeaux de la tête.

Je sais aussi qu'il n'y a pas de livre d'Alexis sans une pointe de Cotentin. Même dans *Le Couturier de Zviska*, *Bill et Bela*, *Mauve Haviland* ou *La fille qui crie sur l'affiche*. Quand le facteur en dépose un dans la boîte aux lettres, dès les premières phrases, on guette, on affûte ce moment où les goélands pousseront leur cri rouillé, où un chemin va mourir dans la mer et ricocher l'imaginaire. Il a beau ne plus demeurer dans l'angle mort des terres, sa presqu'île l'habite. Il le voit mieux de loin, son porte-avions, son port d'attache. Ciels de réglisse, terres lourdes, odeurs suaves des ravenelles, liqueur sombre des hommes aux prises avec le temps qu'il fait et qu'il ne faudrait pas, crépuscules de confiture de mûres, aubes laiteuses, cohorte des gens au vent debout, je vous sais là, tapis au coin d'un chapitre, en un clin d'œil ou en un long plan fixe et entêtant. Je le sais parce qu'il le faut. Un livre de Salatko est comme un coquillage. Posez-le à l'oreille, vous entendrez la mer. Ainsi qu'une ritournelle à trois fois six sous, une ritournelle qui dit « Cherbourg, Cherbourg, trois minutes et trois fois le tour ». ■

Alexis a eu très tôt l'allure d'un Monsieur Jadis. Il prétendait, l'innocent nostalgique, que les bateaux en tôle rivetée transportaient de la neige et des cerises, des idées neuves et des billes de bouleau balte, la misère du monde et de chics élégantes. Ça ne l'a jamais quitté. Guérit-on de son enfance ?

Nuits de boucan et de tabac

Quai Alexandre III, au pied de la célèbre façade où un Napoléon sépia vante le cognac Courvoisier aux saxons pillards qui prennent Continent d'assaut, passants et poissards traînent un ennui de tsar. Alors, jamais de colère contre le vent, de révolte contre la pluie ? À Cherbourg beurre-bure-bar-botte, sur 50 000 habitants il y a 50 000 innochents tout miel et tout sourire qu'il vente ou qu'il mouille ? Que non ! que nenni ! D'abord ne pas s'imaginer qu'un gros gras nuage gris soit en permanence ancré au-dessus du port pour nous arroser vingt-quatre heures sur vingt-quatre. Il arrive qu'à Pébroque-City, il fasse beau et comme personne ne veut y croire, ce doux soleil qui illumine la rade est rien que pour nous. Et c'est un luxe inouï, un privilège immense de posséder un soleil pour soi tout seul. Et puis, « innochents » vous-mêmes ! Pour qui nous prend-on ? Pour des moutons ? La colère – les grands coups de goule – l'emportement – murène au poing, lippe « achachine » – on connaît et on aime. Quand le vent du dehors se met à souffler en d'dans, gare ! Envie de tordre le cou au vilain temps. De se colleter avec la tempête : grande gigue aux gants de boxe qui n'arrête pas de filer des coups bas. Les nuits de Cherbourg ne sont pas des nuits quiètes mais inquiètes comme toutes les nuits de tous les ports d'Europe. Nuits à coutelas longs comme le bras, à pieuvres tatouées sur les biceps. Nuits de boucan et de tabac. Il y a de ces bagarres, de

Le port et la gare de Cherbourg, la « Notre-Dame des Queens » salatkienne.

ces empoignades sourdes et muettes les jours où le grand porcher là-haut déverse à pleins baquets, purin, fumier et caca d'oie. De ces luttes phénoménales sur les quais, dans les cales quand cliquètent les mâts des voiliers, que poulpes et cirés se rendent au sabbat. On retapisserait tout Angers et tout Bayeux avec les scènes de joutes aux mille pleurs que le souffleur de sémaphores, le jongleur de balises suscite par chez nous. Cherbourg cocagne inséparable de Cherbourg l'empoigne. « *Le chouette petit coin* » célébré par Boris à la trompinette est aussi le sale méchant bled bagarreux et colère où Prévert repose sous son rosier sauvage. Vivre l'Ouest, c'est vivre d'écorchures et de douceur, de tendresse brumeuse et de rafales. Est-ce pour cela qu'on y revient toujours pour cette fureur et cette langueur spéciales ?

Mais, parfois aussi la voix de l'ange-gardien ou du mauvais génie nous souffle de partir avant d'être changé en spectre, épave, laitue, betterave, pou de mer ou limaçon. Va à Venise, Rio, aux USA. Alors, on hoche la tête, on se dit oui, cette fois c'est décidé je mets les voiles pour Tahiti, de Millet à Gauguin, de Barbey à Segalen. Ciao crachin ! Et puis on reste. Cherbourg c'est notre Amérique à nous. C'est Rio et c'est Venise quand on brûle Carnaval. Et les îles anglo-normandes, Aurigny et Sarnia contemplées un jour de canicule depuis les dunes du Rozel prennent des allures de Marquises. Les ouragans d'ici valent tous les cyclones de là-bas. On reste. On s'enroche, s'emmouette, se ventifie. Le nez collé à la vitre gondolée par la pluie, on guette, on épie une nuée d'étourneaux, un nuage de cendres, négatif du million d'oiseaux d'or. Ou bien, au bout de la plus longue digue, on scrute éperdument la rade immensément vide dans l'attente, l'espoir de quelque Hollandais Volant.

« *Ça va venir, ça va revenir !* » murmure le guetteur de formidable armada, la vigie océane, la sentinelle transie, Syrte ou Tartare local, faisant les cent pas sur la promenade où flottent les drapeaux de toutes les nations.

Quelque chose a eu lieu ici, quelque chose que tous nous regrettons, dont nous avons la nostalgie. Quelque chose, mais quoi ? Qu'est-ce qui va revenir ? Vie antérieure. Métempsychose. Tous ici nous fûmes dockers, grutiers, soutiers, bagagistes, manœuvriers au temps, merveilleux temps des chapeaux à cerises, apanage des belles voyageuses d'antan.

N'entendez-vous rien ? Non, si ce n'est le concert des bruits familiers : ramdam des camions poubelles, loup-garou de l'Arsenal, le cri d'un cormoran le soir au-dessus des sables de Colignon, les cloches du Vœu et de Saint-Clément, le hit-parade des rues piétonnes, le vent dans les lilas blancs, la pluie sur les rhodos.

Non, autre chose. Tous nous avons dans l'oreille ce son ultra-marin, cet ultra son. C'est ce qui nous enchaîne au port. C'est par là que Cherbourg nous tient.

Quoi ?

Les sirènes ?

Quelles sirènes ?

Les sirènes de paquebots, grands paquebots qui dorment sous l'eau.

Appel ensorcelé des abysses, cloche fêlée de l'Atlantide, écho d'un âge d'or pas si lointain, murmures de noyé-ées qui montent, montent : voici les chaînes, voici les cordes, les ancres et les amarres qui nous maintiennent si solidement à quai.

Alexis SALATKO

Rêves d'escales, escales de rêve

Vite ! Vite ! Que tout s'en vienne !..
Le vert profond des arbres !
Qu'on me rende le pays vert !
Les haies, les collines, les rivières…
Connaître de nouveau le grondement lointain des vagues,
l'air marin, l'air salé !
Loïc Herry

CHERBOURG, LA HAGUE

LOÏC HERRY, LA HAGUE AU VENTRE,
par François DAVID

Je ne sais plus exactement quand j'ai rencontré Loïc Herry pour la première fois. J'ai connu d'abord ses parents dans un collège d'Octeville. En tout cas, peu après la création des éditions Møtus, Loïc était présent et suggérait des textes ou des auteurs, lisait avec une attention impressionnante et parfois redoutable les manuscrits. Je n'ai pas souvenir de quelqu'un avec une telle connaissance de la poésie contemporaine. Jusqu'à la plus petite ou la plus confidentielle revue. Par intérêt profond. Intime. Vital. Et avec une incroyable discrétion. Quelques auteurs donnent l'impression de se mettre en avant. Loïc, lui, se mettait plutôt en arrière. Après sa mort, j'ai découvert avec surprise le nombre de textes et de recueils qu'il avait écrits, ainsi que son travail pictural. Il avait essuyé des refus et les lettres envoyées à Christel les évoquent avec un humour apparemment léger, en fait d'autant plus terrible : « J'ai réenvoyé aussi *Hic sunt leones*... et un texte plus ancien, qui s'appelle *Ouest*, écrit à partir de ce que je ressens quand je vais à Goury (en gros)... Donc des tonnes de paperasse expédiées... *What for* ?... Mais juste pour le plaisir d'en faire des confettis. » Il y a quelque chose d'un peu cruel à voir s'estomper malgré tout l'inattention ou les mépris, quand celui qui les a essuyés n'en peut plus rien savoir. Pour Møtus, ce sera à jamais un honneur d'avoir édité son seul recueil de son vivant. La publication posthume d'autres livres n'en est pas moins indispensable et précieuse, ô combien. Avec, pour le lecteur, cette émotion intense qu'Hélène Cixous a exprimée dans la préface de *Portrait de l'artiste en personnage de roman* : « Ici est né un écrivain sans pareil. En le lisant et le découvrant, j'ai eu envie de pleurer... : sitôt trouvé, sitôt repris. Mais l'œuvre demeure à sa place, immense, déchirant bonheur. »

N'avoir été connu ni reconnu de son vivant n'empêchait pas Loïc Herry de témoigner d'une étonnante exigence qu'on aurait plus attendue d'un écrivain installé que de ce jeune poète ignoré à l'apparence frêle. Je me souviendrai toujours de son interview pour un grand journal de la Manche. Cela se passait dans un café de Cherbourg. Le journaliste, dont je savais d'assurance toutes les qualités professionnelles et humaines, avait pensé lui rendre service en le présentant de façon chaleureuse, sans entrer dans le détail de l'œuvre. Ce n'était pas toutefois ce que Loïc attendait. Pour lui, seul comptait qu'il soit rendu compte du texte, avec sévérité ou non, dans l'analyse scrupuleuse. Le journaliste expliquait sincèrement qu'il valait beaucoup mieux, au contraire, ne pas évoquer si directement les poèmes au risque de dérouter les lecteurs et les effrayer par l'hermétisme possible du recueil. Loïc n'en était nullement convaincu et il ne tenta pas de le dissimuler. J'y repense parfois, surtout devant le battage assourdissant et inlassablement répété pour la promotion de telle ou telle œuvre de sortie : de sa part à lui, pas la plus infime concession pour donner l'envie de découvrir son unique livre édité.

Loin des tumultes de façade, la Hague. Loïc la parcourait à bicyclette jusqu'à perdre souffle. Un jour, à Biville, subjugué par le panorama, il oublie qu'il est sur son vélo. Les roues glissent sur le sable. Il chute et se casse les deux bras… « Devant ce paysage ! », dit-il.

La Hague est au cœur de *Ouest*. Et Loïc Herry évoque aussi parfois, au hasard d'autres textes, son lien

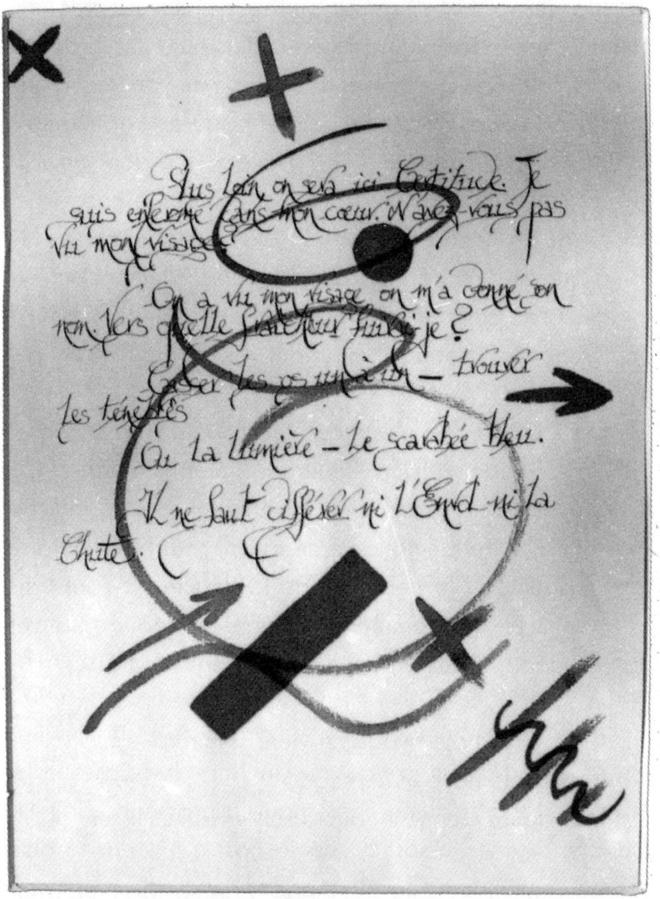

Décédé à 37 ans, Loïc Herry a laissé en plus de ses poèmes, une œuvre picturale importante.

inextricable, presque constitutif, avec ce bout du monde. Il n'a cependant jamais tenté d'en parler de façon grandiloquente. Il la portait plutôt au creux de lui, jusque dans son ventre. Et pour les impatiences et les manques qu'elle révélait, autant que pour cette force qui lui cinglait le cou ou qui lui pressurait les entrailles. Pas moins que d'os, de chair, de sang, il était constitué du cri de ses oiseaux, de la sirène de ses navires, du tumulte de ses tempêtes, de ses galets autant que de ses propres ongles, de ses embruns comme de sa salive. *Ouest* fait ressentir, retentir cela et jusqu'au « ronflement d'une voile qui faseye ». « Faseye ». Ce goût du mot précis, ou technique, ou rare, voire suranné chez Loïc, alors qu'en même temps, il y a quelque chose de physique et direct en ses poèmes, éternellement actuels peut-être de cette ambivalence. Ici et – pas seulement – maintenant. Pleinement pourtant. En ce lieu et en ces temps mêlés.

Dans *Ouest*, rien n'est absent. Et surtout pas l'absence. Ni la solitude. Ni la souffrance imperceptible. Ça saigne, mais « sous le ciel immense et fade / tout est paisible ». Dire même la vérité qui cogne. Ne rien taire de la douleur. Ne rien taire de la douceur : « Jet frais d'aube ». Et oser nommer la mort même, pour éprouver la vie, dans ses fulgurances ou dans ses tendresses :

« Quand sur le rivage on vient respirer
L'odeur de bave et de cadavre
Les vagues viennent douces sur les galets lisses. »

Loïc Herry écrit sur la Hague. Et bien sûr, il écrit sur lui. Et bien sûr, il écrit sur les autres. Pêcheurs. Petits porteurs de valises. Naufrageurs. Foule. Femmes. Filles. Et cet enfant. Formes entraperçues. Devinées. Ombres séparées par la pluie. Ombres conservées à jamais dans la « mémoire des varechs ». Les hommes et les bêtes. Chats. Chevaux. Alcyons. Les *mammouths marins.* Et les sirènes. Le grès et l'aubépine. Les brisants. Bruits et senteurs. *Odeurs brutales et belles.* Étreintes. Séparations. Pour la journée de labeur. Ou pour toujours. Portières qui claquent à l'aube dans l'hiver. Cigarette mouillée. *Touche obstinée de la corne de brume.* Et sous les cris des mouettes, la présence cachée, parfois, d'un léopard.

Être dans la Hague, c'est être ici. Vraiment. Et c'est être ailleurs en même temps. *Jusqu'au-delà des îles Bienheureuses.* Rêves. De partance. D'existence. *Partir il faut partir.* Être de la Hague, c'est aussi ne jamais en être éloigné. En dépit de toute apparence. *Bloc de terre dans la tête,* le bout du Cotentin est en lui. Toujours. *Plus loin, on sera ici.* Alors voyager, et même aux rives les moins proches, pour la confirmation ultime : *On ne part pas.*

Tout se rejoint ainsi en un même point. En un même lieu. Et la chute et l'envol. Et les ténèbres et la lumière. Dans le contraste transcendé, unique et identique, tel Loïc Herry et la Hague. Loïc Herry en la Hague. ■

Pays d'ouest

Pays d'ouest. Cap cambré sous les grains.
L'aubépine et le grès poussent leur sursaut fixe
Dans la gueule de la mer. Une île dans la pluie.
Royaume des ombres.

Mémoire des varechs.
Mousse des bois perdus, ô visages !
La vague a ployé les hommes.

Ces pays qu'on lit pierre à pierre

lampe du naufrageur

ciel déchiré de mouettes

Note grave et soutenue des Cunarders
Dans le thorax du port transatlantique

Départ à jamais perdu

Les grues écartent le bec des entrailles
Sombres. Les petits porteurs restent les
Bras ballants. Les cheminées rouges à
Bande noire saluent à plein souffle. Les
Remorqueurs sont en place

Départ à jamais perdu

Quelque part un garçon
                    écoute la sirène
    descendre dans son ventre

                    une étrave fend la brume

    gouffres que rayent les quilles
                    italique d'un cormoran
peluche rouge d'une algue entre deux eaux

    puis les sons raclent le ciel et disparaissent

Loïc HERRY
Ouest

PHOTO. E. LEGAGNEUR

Rien ne prédisposait Alfred Rossel à devenir le chantre du Nord-Cotentin. Cette Normandie rurale des clios *et des* vaques, *où la mer, souvent tempétueuse, n'est jamais loin, c'est un Breton d'origine helvétique qui l'a si bien chantée !*

ALFRED ROSSEL, LE PIONNIER DE LA CULTURE POPULAIRE DU COTENTIN,

par Catherine BOUGY

Les *Chansonnettes normandes* d'Alfred Rossel ont franchi les frontières : son célèbre *Sû la mé* (« sur la mer ») a eu naguère l'honneur d'être chanté devant le pape Jean-Paul II par des pèlerins cherbourgeois ! Cette année encore, j'évoquais l'épisode à mon cours de dialectologie normande : une de mes étudiantes s'est alors levée pour interpréter, sous les applaudissements de ses camarades, cet hymne à la tranquillité de l'homme de la terre face à l'élément déchaîné, qu'avait chanté avant lui le poète latin Lucrèce.

Rien (ou peu de choses) ne prédisposait Alfred Rossel à devenir le chantre du Nord-Cotentin. Cette Normandie rurale des *clios* et des *vaques*, où la mer, souvent tempétueuse, n'est jamais loin, c'est un Breton d'origine helvétique qui l'a si bien chantée ! Son père (né à Anvers...) avait un jour posé ses valises de charpentier de marine à Cherbourg et son épouse, Marie Vilquien, une Normande, lui avait donné trois garçons : le dernier, notre Alfred, commença ses jours en 1841 dans la capitale du Cotentin, où il mourut en 1926. Il ne dit rien, dans ses œuvres, de son ancêtre suisse venu s'installer à Brest, de ses arrière-grands-parents et grands-parents brestois, eux aussi charpentiers. Probablement partageait-il avec eux l'amour de ces terres extrêmes qui est sensible dans tous ses poèmes. Voici Landemer, déjà fréquenté par les Parisiens, lors d'*Une saisun d' bains de mé* :

« L'hivé, no n'y vait personne
Mais à parti du mais d'moué[1]
Ch'est cuyeux coum' no z'y vionne[2]
Dans nos maisons tout est loué [...] »

Et l'on comprend pourquoi !

« Nos poumis[3] qui sont superbes
P'tit à p'tit perdent lû flieurs
L'fruit noû sus les cliots' en herbe[4] ;
L'air est remplyi d'boun'z' odeurs ;
L'ciel est blieu, la mé moutonne
Et braue[5] en battant l'terrain ;
Entendou coum' o marmionne[6],
V'la l'vrai temps, mouill'ou z'un brin. »

Dans cet éloge ému de sa terre natale, on sent l'influence du courant romantique et des traditions populaires qui s'exerçait alors sur les écrivains régionaux. Nostalgiques du passé, ils exaltaient, dans un patois en grand danger de disparaître, des habitudes, des coutumes, des croyances compromises par la révolution industrielle. En Normandie, l'impulsion était venue des îles anglo-normandes. Rossel est très proche dans son inspiration de George Métivier, dont le grand-père français avait trouvé refuge dans la paroisse guernesiaise

1. Mois de mai.
2. C'est curieux comme on y bourdonne.
3. Nos pommiers.
4. Le fruit se forme dans les prés en herbe.
5. Écume.
6. Entendez-vous son sourd murmure ?

du Câtel après la révocation de l'édit de Nantes : notre province entretient une longue tradition d'accueil et d'intégration des *horsains*, à commencer par les farouches Vikings devenus des *Northmen* qui lui ont donné leur nom…

Sû la mé, l'hymne du Cotentin.

Modeste employé à l'inscription maritime, Rossel écrivit dès 1872 ses premières chansons (et musiques) et la célébrité lui vint très vite, parce que ses concitoyens se reconnaissaient dans ses textes, mis en valeur par un chanteur local, Charles Gohel.

Voici *Le Jardigny*, celui qui *reste par le carfour Baquêne* […], *lenreit, tout proche de Chidbourg*, et qui a ressenti tout enfant la vocation :

« Quand d'aocuns disaient lû lesson
D'carcu[7], d'granmaire ou d'évangile,
Mé, j'tourniais à qu'ri du cresson
Dans l'fond des cach's de Tourlaville […] »

Et la mère de Rosalie est épuisée par les préparatifs de la noce de sa fille. C'est qu'il faut, pour *Le Trousseau de Rosalie* : « très douzannes de draps, sîis douzannes de qu'minzes, séxante essuis de trés à l'âone, eune douzanne de pair' de caôches, eune douzanne de

7. De calcul.

d'vant liis d'quadrill', et des caodrounîi, des taies d'orilli, des moucheux d'pouquette, et de tout, et de tout[8]».

Les habitants du Nord-Cotentin, de Cherbourg, Valognes, Coutances, se reconnaissaient aussi dans sa langue, un patois d'oïl authentique, celui que l'on pouvait entendre dans sa ville de *Tchidbourg*, avec quelques traits du val de Saire tout proche, dont le *potement* qui fait dire (entre autres) *po* pour « pas », et *chanto* pour « chanter ».

On fit appel à Rossel pour égayer bien des cérémonies de la région, et l'on peut penser que, comme ce personnage de *La Bouillie* invité à un banquet, il ne se laissait pas prendre aux fastes déployés à ces occasions et qu'il aurait pu faire de telles déclarations :

Se l'vant d'table, en s'torchant l'baboin :
Dit : « d'tant d'gâtiaux no n'avait qu'faire,
J'aim' mû la bouillie d'sarrazin[9] ! »

Son public, qui achetait à la feuille les *Chansonnettes normandes*, avec paroles et musique, diffusées par la maison Magne à Cherbourg, appréciait sa connaissance intime des gens de chez lui, de leurs goûts, de leurs préoccupations, et de leurs croyances.

On peut donc réellement parler d'un « phénomène Rossel » : sa célébrité, qui est encore d'actualité, est à l'origine de vocations, comme celle du poète Louis

8. « Trois douzaines de draps, six douzaines de chemises, soixante torchons à raison de trois à l'aune, une douzaine de paires de bas de laine, une douzaine de tabliers à carreaux (litt. des « devant elle quadrillés »), et de gros torchons à chaudrons, des taies d'oreiller, des mouchoirs de poche (par opposition aux mouchoirs de cou), et tout et tout... »
9. Plat traditionnel, que l'on mangeait avec une cuiller à même la bassine de cuivre où il avait été préparé.

On peut réellement parler d'un « phénomène Rossel » : sa célébrité est à l'origine de vocations, comme celle du poète Louis Beuve ci-dessus, qui sut si bien dire le Coutançais et les petites gens qui y vivent.

Beuve (1869-1949), qui sut si bien dire le Coutançais et les petites gens qui y vivent. Son contemporain et ami François Enault mit en scène dans ses *Propos de Jean Frinot* (1948) un couple de paysans normands plus vrais que nature, saisissant, à travers eux, le parler et les habitudes des ruraux. L'œuvre de Rossel, ce pionnier de la culture populaire normande, se poursuit aussi dans les poèmes de Côtis-Capel[10], prêtre et pêcheur du Nord-Cotentin, auteur de belles et graves pages consacrées à

10. 1915-1986.

la mer et à ses travailleurs, et dans l'œuvre d'Alphonse Lemaresquier[11].

Tous ces auteurs dialectaux ont, à côté d'une restitution juste et sensible du quotidien des Normands, fait place dans leurs écrits à l'imaginaire. Les *faèes*, les *milloraines*, sortes de dames blanches qui *s'en vyinnent parfeis sus l'coup d'minnyit*, secondées par les *Latusaès* et la *Bête Havette*, créatures imaginaires dont on menace les enfants qui se penchent sur les puits, les ruisseaux, les lavoirs..., peuplent les récits de Rossel, de Louis Beuve, d'Alphonse Lemaresquier. On les évoque en frissonnant à la veillée, et on leur associe les *goubelins*, lutins ou revenants, parfois changés en chevaux ou taureaux, qui s'attaquent malignement aux bêtes et aux gens attardées.

Et si Alfred Rossel révèle que certains *goublins* ne sont que des supercheries de contrebandiers destinées à tromper les douaniers, il avoue quand même être assailli certains soirs par des craintes peu rationnelles. Alors, ma foi, s'il vous arrive de vous attarder dans les *clos* et les *caches* de notre Normandie, suivez le conseil du poète et

« Défious, défious des goublins,
Qui rôdent l'sai dans les qu'mins[12]. » ■

11. 1872-1918.
12. Méfiez-vous, méfiez-vous des goubelins, qui rôdent le soir dans les chemins.

Les Goublins

Du temps qu'ma grand' mèr' vivait,
V'la déjà d'cha bi d'z'années,
A la veilli no n'préchait
Que d'goublins et d'cont' de fées ;
De lutins et de rev'nants
D'chorchis qui s'changeaient en bête ;
Riqu'd'en préchi mes boun' gens
Les qu'veux m'en drèch sû la tête.

Parlé. – No n'a pas raison d'faire poux ès effants d'un tas d'histouères qui lûz élugent la tête et les rendent capons coume la leune ; mais quêquo' v'lez y faire non'corrigera janmais les vul'gens de chu vilain ohi là entendou ? ch'est bi contre impossible.

Refrain : Ah ! coum' disait ma grand'mère
Es servant' de nos vaisins,
Qui giblaient en r'venant d'traire.
Défiou, défiou des goublins
Qui rôdent l'sai dans les qu'mins,
Défiou, défiou des goublins
Qui rôdent l'sai dans les qu'mins.

À l'heure où les oueziaux d'gnit,
Les urs fixés sû l'zetailes,
Par tous les trous d'not' gregni,
S'écappaient en battant d'zailes
A l'heure ou no z'allumait,

Par t'Chidbourg les reverbères,
Dans nos campagn' i' s'passait
Des choses extr'ordinaires.

Parlé. – No j'tait des sorts sû les gens et sû les bêtes qu'afforillaient dans les pieiches et partaient la coue en trompette par dessus fossés et barryres ou risque de s'brésilli. Les servantes galopaient bi après ; mais, les pour malheureuses rencontraient par faî l'varou qui lû faisait piler sû mâle herbe et dam ! ch'était bi du ma, i' ne r'tumbaient jaumais dans la boune route.
Ah ! coum' disait, etc. [...]

Un sai qu'j'étais dans lû ch'lyi
Où, bi souvent, je busoque.
J'sentis les gamb' me trembly,
En entendant un'gross' clioque :
Der lin din din, der lin din din,
J'creus qu'tou fliambait dans la c'meune,
J'ouvris l'hû, ma fai nannin.
I'faisait un biau cliai d'leune.

Parlé. – Ch'était drait justement l'jou d'la messe de mingnit ; mes oncles v'naient de s'n'aller à l'église en m'laissant d'garde aveu Nonon la vûle servante qui montit s'couchi sitôt qui' zeutent le talons tournaés, et qui s'mint à m'cryi, chinq minutes après par la luquerne, en qu'minze et toute boulue qu'ol' tait, d'lâqui le t'chi dans la cour et de tout bastilli, pas' qu'o v'nait d'vaî dans la lande, dedquai qui n'l'y paraissait brin naturé.

Jugî de m'appréhension,
Quand, par-dessus la barryre,

J'apercheus un' grand' vision
Que portaient sus un' chivyre,
De vû diables qui chantaient
Un' manyre de litanie,
Et savoû qui pui portaient ?
Du *p'tun*, mais pas d'la Régie.

Parlé. – Vere du p'tun et du superbe ; y'en avait jusqu'à la cheinture de la boun' fanme, qui s'en était fait une mangnire de Houplinot, par derrire, coume no zen porte par chin – Vere un Houplinot. – Ch'n'est pas d'agni qu'no fait la fraode echpé ?

Ah ! coum' disait, etc.

Si faut en crair' les Haguards,
Ches chorchis des grand' falaises,
Es lueux du solei des r'nards,
En d'scendant des îl' z'anglaises,
Ch'est yeux qui faisaient l'saba,
D'vant les gabelous, ya d'quai rire,
Pendant qu'no passait l'taba
Par les cachett' de derrire.

Parlé. – J'tie cha d'un grand hostyi d'la côte qu'a pu d'tours que d'miracles, mais cha n'ma, bi seurre pas guéri d'la poux des goublins tout d'même : une fugire qui branle, un ouezé qui s'évole, un j'va qui traine s'nabo dans la berne, un ca qui miaule, tout me met hors de mé dans les caches une faî la gnit tumbée. No n'peut pas se r'faire paré ?

Ah ! coum' disait, etc.

Alfred ROSSEL

Le manoir de Gouberville n'existe plus. Mais un témoin de ces lieux qui en affirme le caractère noble existe toujours, c'est le pigeonnier. En haut, cette tour est une réserve de pigeons ; en bas, elle servait de chapelle et parfois de lieu de travail quand le temps était trop mauvais.

GILLES DE GOUBERVILLE, UN GENTILHOMME AUX CHAMPS,

par Madeleine FOISIL

Gilles Picot, sire de Gouberville, est un petit gentilhomme du Cotentin. Il serait né en 1521 et mort à l'âge de cinquante-sept ans. Aîné d'une famille de sept enfants, il a eu trois frères, mais surtout trois sœurs qu'il évoque souvent en leur donnant leur nom d'épouse : Gillone « ma sœur de La Bigne », Renée « ma sœur de Saint-Nazer », Tassine « ma sœur des Essarts ». Lui-même ne se maria pas. De ses rencontres amoureuses il aura des enfants bâtards « mes pauvres filles bâtardes » écrira-t-il dans son testament.

De 1549 à 1562, Gilles de Gouberville a tenu son journal. C'est ce document exceptionnel qui fait sa réputation.

Intitulé par son auteur *Mises et receptes*, il est, selon la définition de ces termes, un livre de comptes qui appartient à la vie domestique : une journée, deux journées ; mais encore un mois, un an, cinq ans, dix ans et plus, où sont portés dans un style monotone, toujours le même, les menus faits du jour, des jours. C'est dire que le journal de Gouberville n'est pas une œuvre littéraire, et son auteur ne se prend pas pour un écrivain appelé à être lu. Dans ce texte on ne trouve pas de dialogues, pas de descriptions, pas de narration. Mais, par ses notes courtes, son style, le passé reste présent de manière immédiate sans distance, et c'est sans prix.

Pour le rendre accessible, pour en montrer l'intérêt, la lecture patiente de plusieurs auteurs a été indispensable : l'abbé Tollemer, Emmanuel Le Roy Ladurie, Guy Deschamps et aussi les auteurs des savants et remarquables *Cahiers goubervilliens*, magnifiquement illustrés, qui paraissent chaque année depuis huit ans.

Gilles de Gouberville est un gentilhomme campagnard, un gentilhomme aux champs. Il est un noble authentique, comme le montrent les preuves de noblesse qu'il a pu donner lors des *Recherches de noblesse* qui ont été entreprises pour dénoncer les faux nobles. Il ne fait pas la guerre mais il exploite sa terre située dans le nord du Cotentin, au Mesnil-au-Val, entre Cherbourg, Valognes et Barfleur. Il élève des troupeaux de vaches et de moutons, fait les foins, récolte les moissons, a une pépinière d'arbres fruitiers. Mais aussi, il est lieutenant des Eaux et Forêts. À ce titre, il exerce une charge de surveillance et de gestion : il est un forestier royal. Ces mots évoquent immédiatement les arbres : la surveillance des bois, les abattages, les charrois de troncs sur les chemins, la distribution du bois de chauffage.

Le manoir de Gouberville, situé au Mesnil-au-Val, n'existe plus. Il semble qu'il ait été une demeure assez modeste, ce que l'on peut déduire des allusions très nombreuses que fait Gilles de Gouberville sur celui-ci : la cuisine, la salle de séant, le vis (escalier), les chambres, dont la chambre du maître qui est un lieu de sociabilité. Mais un témoin de ces lieux, qui en affirme le caractère noble, existe toujours, c'est le pigeonnier que l'on peut toujours admirer : haute tour à poivrière, ornée d'une

Gilles de Gouberville nous montre la monotonie d'une vie occupée de petits faits quotidiens.

belle fenêtre sculptée. En haut, cette tour est une réserve de pigeons ; en bas, elle servait de chapelle et parfois de lieu de travail quand le temps était trop mauvais.

Les deux extraits qui ont été choisis pour faire connaître en direct l'œuvre de Gilles de Gouberville sont significatifs de son écriture. Le premier nous montre la monotonie d'une vie occupée de petits faits quotidiens. Octobre 1554, on est en automne. Ce qui frappe, c'est l'évocation du temps qu'il fait ces jours-là au bord de la mer. Le bord de la mer, c'est le nord du Cotentin battu par les vents du nord, par les vents d'ouest en cette saison. « Il faisoyt une horrible tourmente d'amont... La mer qui estoyt merveilleusement esmeue encore plus qu'hier. » Huit ans après, le 25 août 1562 « il fait beau temps tout le jour ». Mais dans les jours qui suivent c'est le retour de la pluie. « Il pleut quasi tout le jour... Il pleut toute la matinée, toute la nuyct ne cessa de plouvoyr avec grande impétuosité. » Point de science météorologique, mais la manière immédiate, la manière paysanne du jour après jour et dans les expressions il y a de la saveur, presque du talent. Et c'est ainsi que pendant quatorze ans on a de telles informations répétées et immédiates qui constituent une véritable somme.

Pages d'histoire. C'est ainsi que l'on peut définir les textes du mois de juin et du mois d'août 1562. À cette époque, il n'y a pas d'information, il est essentiel de le rappeler. La lointaine province ignore ce qui se passe dans le royaume. En trois ans, trois rois de France se sont succédé dans le drame : Henri II, roi de France depuis douze ans, âgé de quarante ans, est tué dans un tournoi le 17 juillet 1559 ; « Symonnet rapporta que le Roi estoyt mort ». C'est tout ce qui est dit dans le journal. François II, un jeune roi de treize ans, monte sur le trône. En 1560, il meurt après un an de règne et de maladie. Son frère, un petit roi de dix ans, lui succède. C'est Charles IX. Les gens du Mesnil-au-Val l'ont-ils su ? S'en sont-ils émus ? Rien ne nous permet de le dire, on ne le saura jamais. Quelle leçon d'histoire pour notre temps qui sait tout immédiatement, au jour le jour.

Mais en 1562 commencent les guerres de religion. Les événements touchent le Cotentin et d'abord la ville de Valognes. Et c'est ainsi que l'histoire entre dans le journal. Alors Gilles de Gouberville change de style, s'adonne à la narration et même au dialogue. Le tocsin sonne dans le journal. « Ils revindrent après soleil couché et me dirent que quand ils estoient à Beaumont... ils ouyrent sonner le tocquesaint. » La nouvelle et le récit de « la si grande émotion populaire de Valognes » nous sont rapportés presque en direct. C'est de l'histoire vécue, c'est de l'histoire immédiate, un peu comme a été vécu par les Normands de la Manche, quatre siècles plus tard, le débarquement du 6 juin 1944. Le canon tonnait, les Américains arrivaient à Omaha Beach où Gouberville a fait jadis maints déplacements paisibles.

C'est après s'être imprégné des auteurs qui ont commenté Gilles de Gouberville, qui ont vécu en quelque sorte avec lui, que l'on aura plaisir à se « pourmener », à reconnaître les lieux qu'il a parcourus, où il s'est rendu mais qu'il ne décrit jamais, à respirer l'air qu'il respire. L'espace goubervillien c'est le nord du Cotentin où le sire fait des allées et venues permanentes, mais jamais de promenades, jamais de voyages. Autour du manoir du Mesnil-au-Val qui en est le centre, les lieux principaux sont Cherbourg, Gréville où habite « ma sœur de Saint-Nazer », Barfleur sur la côte nord-est, Valognes, Montebourg au-delà de Valognes. On visitera ces villes mais elles sont si différentes de ce qu'elles étaient ! Cherbourg a perdu les fortifications qui la défendaient et que pouvait voir Gouberville et est devenue, grâce à Louis XVI et Napoléon, un grand port de guerre. Le château de Valognes a disparu au XVIIe siècle ; la ville s'est beaucoup embellie et transformée au XVIIIe siècle. Les grandes routes ont remplacé les

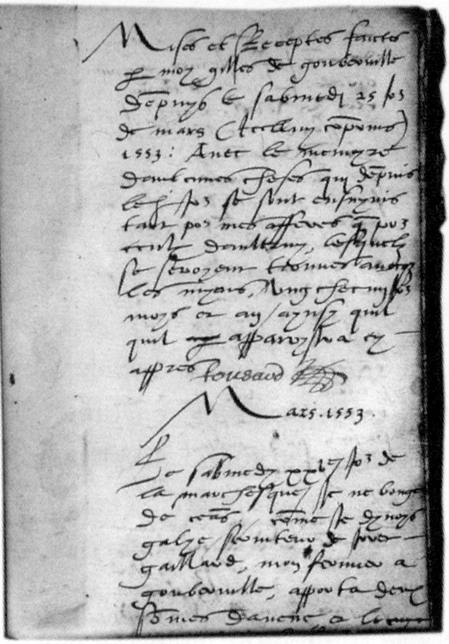

chemins creux perdus dans le fouillis bocager, bordés alors de haies hautes où on se perdait à la nuit noire, comme en témoigne Gouberville à plusieurs reprises.

Mais aussi, l'on ira du Mesnil-au-Val à Russy près de Bayeux en Bessin. Pour se rendre en ce lieu, Gouberville fait un voyage très particulier qu'il répètera maintes fois : la traversée de la baie des Veys, cette échancrure entre Cotentin et Bessin qu'on ne peut franchir qu'à marée basse, aux heures où la mer se retire. On est soumis à un horaire : « Avant jour, viron soleil levant, dès le matin. » On passe sous la conduite d'un « passeur ». Cette manière de traverser a disparu depuis longtemps mais le promeneur d'aujourd'hui aimera aller regarder les lieux, les respirer, et les penser au passé.

Voici ce que ces courtes pages permettent de dire d'essentiel sur Gilles de Gouberville. Modeste auteur d'un journal quotidien, il n'a pas la grandeur de Tocqueville, le génie poétique de Victor Hugo, l'imaginaire du « Connétable des Lettres » Barbey d'Aurevilly, la culture et les qualités littéraires de bien d'autres. Mais il s'impose comme compagnon d'une *Balade dans la Manche*. ■

Le *Journal* du sire de Gouberville

Le mercredi 24e [d'octobre 1554], après déjeuner, je m'en allai à Saint-Pierre, Cantepie[1] avec moi. Nous rencontrâmes aux chemins des poiriers Thomas Drouet[2], Colin Pierre et Pierre Birette. Je fus voir mon cousin Raffoville qui était malade. Il déjeuna pendant que j'y étais, puis je m'en allai au marché où je fis acheter une aune de toile IV sols, du cuir pour III sols que Thomas Drouet porta au Mesnil. Je m'en allai coucher à Gouberville, pour ce qu'on m'avait dit qu'il y était venu à gravage[3] un sapin tout couvert de bernacles[4]. Quand j'arrivai, il n'y était plus ; la mer l'avait repris. On me dit qu'il était au mont de Réthoville. J'y allai, Joret et Philippin Toque avec moi : il n'y était plus. Il faisait une horrible tourmente d'amont[5]. Je couchai à Gouberville. VII sols.

Le jeudi 25e [d'octobre 1554], il fit grande tourmente au matin et grande pluie, lesquelles passées je m'en allai, Marin Flamenc avec moi, au bord de la mer voir la mer qui était merveilleusement émue, encore plus qu'hier ; était avec nous Marin Cauvin. Après avoir été là une heure, je m'en revins voir les maçons du dit Flamenc et voir les franchises de Gouberville dont le dit

1. Thomas Langlois, sieur de Cantepie, familier et homme de confiance.
2. Paysan, homme à tout faire et familier.
3. Tout ce que la mer rejetait sur les côtes appartenait par gravage au seigneur du lieu.
4. Pousses-pieds ou anatifes.
5. Du Nord-Est.

Flamenc est saisi, pour nous en aider au pasnage[6], puis m'en vins déjeuner. Survint messire André Caillet, de Gatteville, qui m'apporta deux plongets, et deux marqueroles[7], la moitié d'une anguille et le demeurant d'une loutre. Il déjeuna avec moi. La pluie vint en grande abondance ; je n'eus qu'une ondée depuis Gouberville jusqu'ici où j'arrivai sur les quatre heures bien mouillé. [...]

Le dimanche 7e [de juin 1562], je ne bougeai de céans[8]. Dès le matin, j'envoyai Simonnet[9] à Valognes. Je lui donnai charge de m'apporter des bottines que j'avais fait faire l'autre jour chez Lagarde, et une paire de souliers, pour ce : XXVI sols. Ils revinrent après soleil couché et me dirent que quand ils étaient à Beaumont sur le trajet du retour, ils avaient ouï sonner le tocsin à Valognes et à Alleaume. Au matin comme je déjeunais, arriva Gilles Auvray qui venait, comme il me dit, de Sauxemesnil quérir des éclaireurs. Il déjeuna avec moi. Thomas Drouet soupa céans. XXVI sols.

Le lundi 8e [de juin 1562], je ne bougeai de céans. L'équipage d'Auvray et un des miens charrièrent du fumier aux Croutes tout le jour. Environ les neuf heures j'envoyai Pinchon à Russy et lui baillai VI sols. Lemoussière[10] apporta de Cherbourg des souliers pour Michelle[11], 10 sous, et quatre aunes de grosse toile qui coûtèrent XXIIII s. XXX sols.[...]

6. Droit payé au seigneur pour laisser en hiver les porcs se nourrir de glands et de faînes dans ses terres. 7. Quatre petits oiseaux. 8. Son manoir du Mesnil-au-Val. 9. Demi-frère naturel de Gilles de Gouberville. 10. Gilles Auvray et Louis Lemoussière, ouvriers agricoles, appréciés par Gouberville. 11. « Serviteure » de Gouberville.

Le Journal *est un livre de comptes où sont portés les menus faits du jour, des jours.*

Le dit jour dans l'après-midi, on me dit qu'hier soir, sur les cinq heures, il y avait eu à Valognes une si grande émotion populaire qu'on avait tué le sieur de Hoesville, le sieur de Cosqueville, maître Gilles Michault, médecin, Gilles Louvet, tailleur, Robert de Verdun et Jean Giffart dit Pont-Lévêque, qu'on en avait blessé plusieurs, pillé et détruit les maisons de Cosqueville, et que les corps des défunts étaient encore en la rue ce jour d'hui après midi, où les femmes de Valognes venaient encore donner des coups de pierre et de bâton sur les dits corps ; et fut dit aussi que la maison de maître Etienne Lesney, élu au dit Valognes, sieur de Haultgars, avait été pillée et détruite. Charlot [Brucan] partit sur les deux heures pour aller à Valognes savoir ce qu'il en était de tout cela et revint après soleil couché, et me dit que tout cela était vrai, et que le peuple de Valognes était grandement courroucé.

Le mardi 9e [de juin 1562], date des Hauts jours des Eaux et Forêts[12], Charlot fut à Valognes, pour une assignation qu'il avait fait donner, devant les élus, aux

12. Jours de jugement exceptionnels.

asseyeurs[13] de la taille de Digosville qui avaient fixé la taille de sa mère pour cette année. A cause de la grande émeute qui a eu lieu dimanche à Valognes, je n'y fus point, car je pensais bien qu'il n'y aurait point de juridiction. Après déjeuner je m'en allais à Gouberville, Simonnet avec moi.

Le mardi 4e [d'août 1562], je ne bougeai de Russy. De grand matin Yver et Charlot Brucan allèrent à Argougettes chez Toussaint [Tésard]. J'y fis porter un tour à ferrer. Quand je fus levé, j'y allai ; Pinchon avec moi, et pour ce qu'il n'était point encore prêt à besogner pour moi, j'y laissai Charlot. En m'en revenant, je trouvai le contrôleur Noël et maître Jean France qui se promenaient aux champs. Nous devisâmes jusqu'à ce que nous fussions parvenus à la rue d'Argouges, et comme nous parlions de la religion et des opinions qui sont aujourd'hui entre les hommes en grande controverse et contradiction, le dit France dit en ses propres mots : « Qui m'en croira, on fera un Dieu tout nouveau qui ne sera ni papiste, ni huguenot, afin qu'on ne dise plus un tel est luthérien, un tel est papiste, un tel est hérétique, un tel est huguenot. » Alors je dis : « Unus est Deus ab eterno et eternus. » Nous ne pourrions faire des dieux puisque nous ne sommes qu'hommes. Il me sembla que le dit Noël fut fort offensé de la parole du dit France. Il était environ huit heures du matin. Je m'en retournai à Russy, et sur les douze heures, je retournai chez le dit Tésard, où Charlot était encore, qui entassait du foin avec des mariniers de Sainte-Honorine pour le dit Tésard.

Le mardi 25e jour [d'août 1562], je ne bougeai de Russy. Je fis achever de moissonner l'orge du bout du

13. Officiers qui fixent le montant d'un impôt.

Clos-Neuf et commencer celle du Clos nommé La Campagne. Il fit fort beau temps tout le jour. Je fis aussi couper l'orge auprès de la chenevière Carrel. La Houette y était qui nous conta les procès qu'elle a contre Pierre Fontaine et messire Jacques Leveel.

Le mercredi 26e [d'août 1562], j'avais, outre mes serviteurs, neuf personnes de Russy à couper l'orge de La Campagne. Ils achevèrent après le déjeuner, puis allèrent aux pois du moulin à vent. Je fus dans l'après-midi à Port-en-Bessin, Thomas Drouet avec moi. J'achetai une raie et une vive qui coûtèrent IIII sols. Il était environ quatre heures après midi et plus quand nous revînmes. IV sols.

Le vendredi 28e, je ne bougeai de Russy. Il plut toute la matinée jusques à sept heures et avait commencé hier soir, un peu après six heures et toute la nuit ne cessa de pleuvoir avec grande impétuosité. Je fis scier par Robert Drouet et Robin Lorier des planches pour faire une civière. Charlot nous rejoignit auprès de la cheminée, environ soleil couché, depuis Le Mesnil où il avait été depuis samedi. Legalier de Bayeux vint voir mes chevaux et juments de harnais et me promit de revenir le lendemain pour faire une potion pour deux d'entre eux ; je fis châtrer huit truies qui coûtèrent III sols IIII deniers

Le dit jour, Pinchon étant à Bayeux pour amener Legalier pour le poulain qui est malade, rapporta une aune de toile pour se faire faire un pourpoint, qui coûta, comme il me dit, VII sols.

Gilles de GOUBERVILLE

Michel Besnier.
Ce n'était pas prévu, programmé, prémédité, mais je dois le constater, le reconnaître, la Manche est toujours présente dans ce que j'ai écrit.

VAL DE SAIRE

LES AIMANTATIONS DÉFINITIVES,
par Michel BESNIER

De l'aimant à l'amant, il n'y a qu'un pas, qu'une lettre à ôter ou ajouter. Et le sens est le même : on est aimanté, amanté par ce qu'on aime. Ce n'était pas prévu, programmé, prémédité, mais je dois le constater, le reconnaître, la Manche est toujours présente dans ce que j'ai écrit. Même dans *Leipzig*, portrait d'une ville continentale où je cherchais en vain des quais. J'aimais cette subtilité de couleurs faibles et fondues, cette version positive de ce que les peu voyants appellent le gris, ce refus modeste, intelligent et supérieur de la teinte agressive, du fard publicitaire. Faisant l'éloge d'une ville épargnée par l'agression de la couleur brutale, je me référais à mon nuancier, à mon modèle de schiste toujours entre gris et bleu, entre gris et vert, entre vert et bleu. Aimant Leipzig, j'aimais Cherbourg... Même dans *La Roseraie*, roman qui a pour cadre un jardin de la banlieue parisienne, le personnage était originaire de Barfleur et ne manquait pas d'y faire un séjour.

Manche toujours présente... Plutôt le nord de la Manche. Plutôt le Cotentin. Plutôt le nord-est du Cotentin, Cherbourg, Tourlaville et le val de Saire. Cet étrange département est fait d'alvéoles. Quand on quitte la sienne pour se rendre dans une autre, on est toujours chez soi, mais dans un autre chez soi qui prend un charme légèrement exotique. La Hague m'est toujours une superbe énigme, les marais m'enchantent et m'inquiètent. Quand, à quinze ans, j'arrivai à l'École normale de Saint-Lô, des condisciples venaient de pays que je ne connaissais pas et dont les noms chantaient : Créances, Sartilly, Marigny, Montmartin... Pour la première fois, je fréquentais des sudistes. Quand je fus moniteur de colonie de vacances, à Portbail, tous mes colons venaient de la Manche, mais certains n'avaient jamais vu la mer. La multiplication des voitures a fait évoluer la situation, mais elle n'a pas supprimé les alvéoles. Elles constituent assurément un frein politique et économique, mais aussi un ferment poétique. Elles alimentent cette rêverie particulière qui a pour objet le partiellement connu, les bourgs qui se réduisent à une église ou à un café mais gagnent ainsi la profondeur d'un arrière-pays vierge de toute image précise, les lieux que l'on voit une ou deux fois par an, jalonnant les existences autrement que les lieux familiers. L'habitant de la Manche a son point d'ancrage et, au-delà, plusieurs cercles dans lesquels il a tracé des itinéraires personnels, liés aux familles ou à des activités rituelles, une foire, une fête, une pêche aux coques, une pêche aux praires, une pêche à rien.

On ne choisit pas son lieu de naissance, mais on peut se l'approprier : « Hôpital maritime de Cherbourg ». J'aime ce véritable hôpital qui n'en est plus un, ayant remplacé les malades en espoir de guérison par des cinéastes en cours de formation. Mais les mots me font imaginer une autre architecture. Des chambres aux fenêtres battues par les embruns, des escaliers de phare, des murs de granit, des filets

On ne choisit pas son lieu de naissance, mais on peut se l'approprier : « Hôpital maritime de Cherbourg ». J'aime ce véritable hôpital qui n'en est plus un, ayant remplacé les malades en espoir de guérison par des cinéastes en cours de formation.

qui sèchent dans une cour, de vieux marins qui soignent un ulcère ou crachent leurs poumons, huître par huître, des couloirs brossés et rincés comme des ponts de bateaux, des cadavres que l'on jette à la mer en inclinant une planche : un hôpital romantique ! En ce temps-là, mes parents vivaient à Beaumont, où mon père était gendarme. J'ai donc eu une période hagarde, mais n'en ai aucun souvenir. Et l'ancienne gendarmerie de Beaumont n'existe plus. Puis ce fut le temps d'Equeurdreville, temps urbain et ouvrier, avec foule noire et drapeaux rouges quand on enterrait le maire. Je n'avais pas le droit de traverser la dangereuse rue de la Paix. Je passais le plus clair, le plus sombre de mon temps à la fenêtre. Deux fois dans un sens, deux fois dans l'autre, passait l'imposant peloton cycliste des ouvriers de l'arsenal. Il n'y avait pas d'échappées. Vers la gauche, la rue menait à Cherbourg où je n'allais jamais. Vers la droite, c'était la saline et le Hameau de la mer, autres noms que j'ai mâchés et remâchés... J'avais six ans quand mon père a réalisé son vieux rêve, retrouver la maison de ses parents à Tourlaville. Il suffisait de traverser Cherbourg pour changer de monde, entrer dans celui des choux, des chevaux, des ruisseaux, des talus, des haies, des noisetiers, des lézards, des orvets, des œufs de grive et de merle à ne plus savoir où donner de la tête pour viser et esquiver. C'est là que j'ai fait mon stock de sensations, d'images, de métaphores.

Chance inouïe de pouvoir explorer deux mondes, le maritime et le terrien, de marcher comme un funambule sur le fil qui les sépare. De choisir entre la pêche aux mûres et la cueillette du sauticot, entre la marche dans le bleu et la nage dans le vert, entre le crabe et le crapaud, l'un à écraser et l'autre à faire fumer, entre la méduse et la salamandre, le congre et l'anguille, le colin et la truite, le varech et le cresson, la barque et la brouette. Entre le pêcheur des Flamands et le jardinier du Hameau Vivier, mais le premier jardinait et le deuxième pêchait. Entre les escargots des rochers et ceux des murs, les premiers se mangeaient à la maison, les deuxièmes se vendaient chez le ferrailleur. Entre le bois ramassé sur la plage et le bois ramassé dans une ornière, mais les deux se brûlaient.

Avec le temps, cet univers arpenté en tous sens donne naissance à un paysage intérieur, virtuel.

Le val de Saire. *Chance inouïe de pouvoir explorer deux mondes, le maritime et le terrien, de marcher comme un funambule sur le fil qui les sépare.*

On s'y promène les yeux fermés, même si on est loin, même des années après.

Un jardin où les poireaux sont alignés comme des marins un jour de cérémonie. Idem pour les laitues qui pomment, on ne veut voir qu'une seule tête et en manger plusieurs. Des groseilles à maquereau qui éclatent, des rhubarbes qui se croient en Afrique pour produire d'aussi grandes feuilles, des poires qui sommeillent et des guêpes qui en défendent jalousement le jaune. Un chemin qui mène à une ferme, cour rectangulaire, portail ouvert ou fermé peu importe, tombereaux dans les hangars, calva derrière les piles de bois, amoureux derrière la paille, chagrin derrière les tabliers. Derrière la ferme, les champs de carottes et de sarcleuses qui les éclaircissent. Derrière les champs, l'eau et l'herbe, les épinoches, les iris, les renoncules qui font sous le menton un reflet de beurre. Derrière encore, une autre herbe, plus maigre, une autre eau, écumeuse et huileuse, où s'égarent des crevettes que nul ne mange. Une route à traverser, un autre « hameau de la mer », on arrive au port, aux portiques, aux rouilles, aux vases, aux morceaux de verre, au mazout, aux casiers noirs, à la beauté de la mer banlieusarde qui ignore les voiliers et les vauriens, ne connaît que les plates et les doris, les escaliers d'où plonger. On remonte en se frottant les yeux et en crachant, on est un autre. Les paupières essorées, on revoit les grues, la plage au loin, la langue de terre et le sémaphore. De l'autre côté, les genêts au-dessus des carrières, des arbres solidaires, inclinés tous dans le même sens. Comme à des bords de cicatrice, on devine la présence de ces routes minuscules, pentues, dures à grimper, dangereuses à descendre. Tombeau ouvert et bleu devant. ■

Le Bateau de mariage

Le Bateau de mariage se situe dans un val de Saire non nommé, où Fermanville ne s'appelle pas Fermanville, pour éviter tout effet de réalisme.

L'aboiement des chiens annonçait la venue du facteur. Aconit recevait son courrier à l'école. Il extrayait des publications pédagogiques et officielles la lettre affranchie d'un joli timbre qui portait le cachet de Farville. Mauve choisissait des papiers colorés et des enveloppes remarquables par leur emblème, un œillet rouge dans le triangle du dos. Elle écrivait de très longues lettres où elle décrivait ses journées par le menu. Ces récits ennuyaient un peu Aconit qui courait à la fin, là où étaient les paroles tendres et les baisers. Puis il reprenait la narration comme un enfant qui, après avoir épuisé les fruits de la tarte, se résigne à manger la pâte.

Mauve disait qu'un centimètre de glace bouchait les seaux, que les salades étaient fripées, que son père s'était saoulé la veille. Il avait reproché à sa femme de mal faire la cuisine, avait jeté la soupe au milieu de la cour. [...]

Le courrier arrivait vers neuf heures, au moment où les élèves faisaient leur page d'écriture. Cet exercice, qui durait trente minutes, permettait à Aconit de relire sa lettre à petites doses. Au fond de la classe, sur le seul mur sans tableau et sans fenêtres, deux grands portraits.

Celui du chef de l'État, qui souriait imperceptiblement, le regard horizontal. Celui du ministre des Écoles, plus bonhomme, l'œil clair et confiant dans l'avenir de la culture. Entre les deux portraits, la devise « Courage, tempérance, solidarité ». Les enfants, tête inclinée, accompagnaient d'étirements de langue et de moues appliquées les pleins et les déliés. Les inspecteurs, lors de leurs visites, regardaient avec la plus grande attention les cahiers d'écriture. Ils y mesuraient la propagation des vertus souhaitées pour la jeunesse : application, modestie, patience… « Depuis que je t'aime, le temps s'est emballé. » Aconit avait connu Mauve au mariage de son cousin Philippe. Il était fréquent que des époux se fussent connus en pareille circonstance. Les mariages appelaient les mariages. Ces jours-là, les relations entre les hommes et les femmes bénéficiaient d'une liberté inconnue le reste du temps. Le garçon d'honneur apportait une collection d'« objets de mariage », hommes et femmes nus en bois lisse, petits jouets articulés simulant l'acte sexuel. Ces objets, achetés chez le marchand de farces et attrapes, circulaient à table parmi les rires et les gloussements. On en mettait par surprise dans le cou des femmes. Contrairement à la danse des bals du samedi, sournoise, agressive, coupable, la danse des noces était franche et heureuse. Les doigts se croisaient, les mains se serraient, les pouces appuyaient fort au fond des paumes. Les mains s'enfonçaient au milieu des dos, palpaient les tailles, se croisaient sur les croupes. Les corps de tout âge couraient, sautaient, se frottaient. Au mariage de Philippe, Mauve portait une robe blanche serrée par une large ceinture en tissu élastique noir. À l'heure des chansons, elle avait joliment psalmodié une complainte de femme de marin. Pour faire plaisir aux vieux, Aconit avait patoisé. Il avait aussi chanté *Pique la baleine* : « Je l'ai retrouvée quand je m'ai noyé... dans les grands fonds elle m'espérait... en couple à elle je me suis couché... ou la ou la la la... » Puis ils avaient dansé longtemps ensemble, ne se séparant que pour poliment offrir un tango ou une valse à quelqu'un d'autre. Dans un virage de paso doble, Aconit avait vu la mère de Mauve qui s'essuyait l'œil avec sa serviette. À table, sous la nappe, il avait pris la main de sa cavalière. Ils avaient parlé de leur vie, de leurs études, de leurs professeurs. Ils avaient échangé leurs verres pour lire dans leurs pensées. Sur le matin, comme les convives se séparaient, le père de Mauve avait dit à Aconit : « Vous viendrez prendre le café à la maison ! » Le regard droit sous les sourcils broussailleux : c'était un ordre autant qu'une invitation. Les serpentins se fanaient, les cuisinières récupéraient les restes sur les tables, remettaient les chaises en place. [...]

« Ma chère Mauve,

J'ai quelques minutes pendant que les élèves terminent leur page d'écriture. J'ai bien reçu ta lettre, et je suis triste que tu aies été triste. C'est malheureux que les gens boivent, mais que faire ? Il y a cinq jours que nous sommes allés à Carville. Je vais rayer mon calendrier. Comme quand j'étais soldat. »

Michel BESNIER
Le Bateau de mariage

Alexis de Tocqueville, *philosophe politique des plus clairvoyants, homme public et voyageur enraciné.*

TOCQUEVILLE

TOCQUEVILLE EN SON VILLAGE,

par Jean-Louis BENOÎT

Alexis de Tocqueville présente cette particularité d'être l'un de nos grands penseurs politiques, plus connu aux États-Unis que dans son propre pays. Lui, l'aristocrate normand, a été au XIXe siècle le meilleur analyste de la démocratie américaine qu'il découvre en 1831, cinquante-cinq ans seulement après la déclaration d'indépendance.

Dans la Manche nous le considérons désormais comme l'un des nôtres ; nos compatriotes du Cotentin ignorent cependant le plus souvent qu'il n'est pas né ici et qu'il n'y est pas mort non plus, même s'il repose près de sa femme dans le petit cimetière du village de Tocqueville. Alexis est né le 11 thermidor an XIII (le 29 juillet 1805), rue de la Ville-L'Évêque à Paris. Il a passé la première partie de sa jeunesse au château de Verneuil-sur-Seine, et la seconde à Paris, confié aux bons soins d'une mère attentive et d'un vieux précepteur qui l'admire, l'abbé Lesueur. À quinze ans, il rejoint à Metz son père, qui a entamé une carrière préfectorale, pour poursuivre ses études secondaires. Il mourra à Cannes, le 16 avril 1859, emporté par une tuberculose dont les premiers symptômes étaient apparus plusieurs années auparavant.

Alexis n'a découvert le château de Tocqueville qu'en octobre 1828, lors de son premier voyage dans notre département. Il fait part de sa découverte à son ami Gustave de Beaumont, magistrat comme lui au tribunal de Versailles : « J'ai, à une lieue, en vue le port où Guillaume s'est embarqué pour conquérir l'Angleterre, je suis entouré de Normands qu'on voit figurer dans la liste des conquérants. Tout cela, il faut bien vous l'avouer, chatouille de mon cœur l'orgueilleuse faiblesse et fait naître parfois en moi des mouvements d'un enthousiasme puéril dont je suis honteux après. »

En 1828, la France est en pleine période romantique, Alexis est frappé par la découverte du manoir familial qui n'est plus habité par la famille depuis la veille de la Révolution. Contrairement à ce qu'il pense alors, le château n'est dans la famille – les Clérel de Rampan, auprès de Saint-Lô – que depuis 1661, à la suite d'un échange réalisé par Marie Jallot, mère de Charles Clérel. Il revient sur les lieux, cinq ans plus tard, en juillet 1833. Cette fois, il décrit plus longuement le château à Marie Mottley qui est sa maîtresse depuis cinq ans et qu'il épouse en 1835. Il n'est pas le seul à épouser une Anglaise, dans ces années-là le fait est fréquent, la femme de Lamartine est anglaise, Mérimée – qui par ailleurs mène une existence bien agitée – vit auprès de Fanny et Emma Lagden, amies de Marie Mottley.

Certes, le mariage d'Alexis et de Marie fut difficilement accepté par une partie des proches mais il se trouva très bien de ce qui, aux yeux de beaucoup, n'était qu'une mésalliance. Mieux, il critique le mariage de ceux de sa caste, qu'il considère comme digne des pratiques de la Chine ancienne. Il était peut-être un peu injuste : les choses n'étaient guère différentes dans la bourgeoisie, il suffit de relire Balzac pour s'en convaincre. Jusqu'à sa mort il ne cessera d'affirmer à ses véritables amis que cette décision était la plus sage de sa vie.

Le couple connaît des moments difficiles mais les lettres qu'Alexis adresse à Marie sont d'une belle facture et révèlent un amour profond, une union fusionnelle où la sensualité trouve sa place aussi bien que l'estime et le partage des idées. À partir de 1836, les époux s'installent au manoir pour quelques mois par an ; Alexis a échangé le château de Tourlaville qui lui revenait, contre celui de Tocqueville qui était la propriété de son frère Édouard. Il n'avait guère un tempérament d'homme de la terre, à Tocqueville c'était Marie qui renégociait les baux avec les paysans du château. Alexis s'occupa cependant de faire deux campagnes de plantations d'arbres dont les grands chênes qui subsistent aujourd'hui sont les vestiges. Arrivé au milieu de sa carrière politique, il consacre ses matinées à l'étude et à l'écriture – ainsi, à l'automne 1849, il commence au château la rédaction des *Souvenirs* qu'il poursuivra à Sorrente puis à Versailles – et occupe une partie de l'après-midi à faire le tour du domaine en compagnie de sa femme et de ses amis. Les années passant, il s'intéressa de nouveau, comme dans son enfance, au jardinage, veillant alors même qu'il s'apprêtait à partir pour Cannes à ce que le jardinier « sème » du guano !

Il entendait faire de cet héritage familial le fief à partir duquel il engagerait sa carrière politique. Il est élu député de Valognes sans discontinuer de 1839 à 1851, aussi bien au suffrage censitaire qu'au suffrage universel jusqu'au coup d'État du 2 décembre.

Dans la Manche comme à Paris, Tocqueville est l'homme des grands dossiers dont il choisit d'être le rapporteur. En novembre 1842, devenu conseiller général du double canton de Montebourg-Sainte-Mère-Église, il défend deux dossiers principaux : la prise en charge des enfants trouvés et l'aide aux mères d'une part, la réalisation de la ligne de chemin de fer Paris-Cherbourg dont il fut le principal artisan, d'autre part. Rapporteur de la commission chargée de l'abandon, il propose que toutes les mères dans le besoin bénéficient d'une prise en charge financière pour assurer non seulement la subsistance mais encore la scolarité et la formation de leurs enfants.

En 1850, il accueille Louis-Napoléon Bonaparte venu à Cherbourg passer l'escadre en revue et l'interpelle à propos de cette question capitale pour le département, mais en 1858, lors de l'inauguration de la ligne, il ne participe pas aux cérémonies officielles pour dénoncer un pouvoir despotique qu'il ne cessera de condamner jusqu'à sa mort. En 1849, il devient président du conseil général dont il démissionne en mars 1852, lorsque le nouveau régime exige que les élus prêtent serment à l'empereur.

En 1848, il mène un très vigoureux combat électoral. Il tient, lui l'aristocrate, analyste scrupuleux de la démocratie dont il a démontré le surgissement inéluctable en même temps que ses qualités et ses risques, à être élu au suffrage universel. Tâche difficile car le gouvernement provisoire a nommé dans les départements des représentants qui font figure de

Tocqueville entendait faire de cet héritage familial normand, le fief à partir duquel il engagerait sa carrière politique.

candidats quasi officiels et qui sont chargés d'organiser les élections. Havin, qui s'est gauchi singulièrement pour obtenir ce poste, en compagnie de Vieillard, fait son possible pour écarter Tocqueville de l'élection. Celui-ci fait une campagne très active et finit par remporter un triomphe de tribun dans un discours improvisé lors d'un dîner électoral et républicain de 2 000 couverts à Cherbourg, où Havin l'avait éloigné de la table officielle : « J'ai toujours jugé que les institutions démocratiques et républicaines étaient l'avenir de la France, j'ai fait plus que de concevoir cette pensée ; il y a déjà près de quinze ans que je l'ai exprimée à plusieurs reprises dans un livre que chacun de vous peut consulter ; mais, je ne le nie pas, j'espérais que nous pourrions arriver graduellement, doucement, sans secousses, sans crise financière,

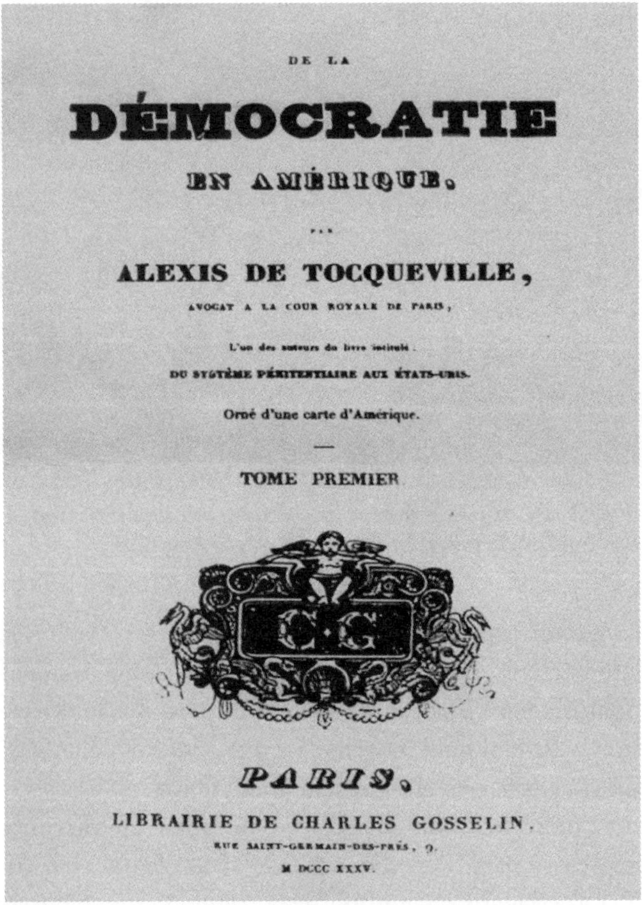

DE LA

DÉMOCRATIE

EN AMÉRIQUE.

PAR

ALEXIS DE TOCQUEVILLE,

AVOCAT A LA COUR ROYALE DE PARIS,

L'un des auteurs du livre intitulé

DU SYSTÈME PÉNITENTIAIRE AUX ÉTATS-UNIS.

Orné d'une carte d'Amérique.

—

TOME PREMIER

PARIS,

LIBRAIRIE DE CHARLES GOSSELIN,

RUE SAINT-GERMAIN-DES-PRÉS, 9.

M DCCC XXXV.

En 1831, Tocqueville, juge auditeur au tribunal de Versailles et son ami Gustave de Beaumont, substitut, sollicitent de Montalivet, ministre de l'Intérieur, un congé sans solde pour aller étudier le système pénitentiaire des États-Unis.

Le voyage dura un an et le séjour neuf mois ; de son expérience américaine Tocqueville rapporta la première analyse à la fois concrète et savante de la constitution et des institutions de la jeune république. Ce texte fait aujourd'hui encore autorité dans le pays de Lincoln et sa lecture demeure l'un des moyens les plus sûrs de comprendre, en ce début du XXIe siècle, les rouages essentiels de la démocratie américaine.

sans suspension de travail national, en un mot sans révolution, à l'aide de réformes successives et ménagées, à la République et à la Démocratie. [...] La monarchie ne peut vivre qu'en s'appuyant sur une aristocratie ; et si quelque chose est évident sous le soleil, c'est que désormais toute aristocratie est détruite en France. »

Les cinq listes en présence, quelle que soit leur tendance, l'ont inscrit, il figure même à la quinzième et dernière place sur celle présentée par Havin ! Finalement il est élu avec le troisième plus grand nombre de voix et devient l'homme politique le plus important du département. Il est également l'un des dix-huit membres chargés de rédiger la Constitution de la seconde République et ministre des Affaires étrangères du 2 juin au 30 octobre 1849. En 1851, il mène le combat pour la modification de la Constitution qui permettrait d'éviter le coup d'État ; mais la révision n'obtient pas la majorité requise des trois quarts des suffrages.

Le 2 décembre, il vote, avec deux cents autres députés, la destitution de Louis-Napoléon Bonaparte pour forfaiture.

Analyste éclairé de la démocratie, de ses forces et de ses faiblesses, Tocqueville demeura tout au long de sa vie amoureux de la liberté et défenseur passionné d'une conception éthique du politique. Il puisa, n'en doutons pas, une partie de son inspiration dans le pays qui l'environnait où il passa, selon le témoignage qu'il en donne dans le testament qu'il rédige en 1854, les moments les plus heureux de sa vie. ■

À Marie Mottley

Au château de Tocqueville,
Lundi soir [fin juillet 1833]

Enfin me voilà arrivé au terme et au but de mon voyage. Figurez-vous une vieille maison flanquée de deux lourdes tours, où rien ne semble fait pour la commodité et encore moins pour l'agrément de l'oeil. Des chambres obscures, de vastes cheminées qui donnent plus de froid que de chaud, des fauteuils où l'on tiendrait trois à l'aise, des murs humides et des corridors où le vent siffle aussi gaiement qu'il peut le faire dans une soirée d'automne. Voici le tableau fidèle de mon habitation. Ajoutez à cela un bouquet de bois que mon grand-père n'a pas vu naître, et que je ne verrai pas mourir, et une longue prairie que la mer termine à l'horizon et vous aurez tout : je me trompe, vous n'imaginez pas encore la tranquillité profonde qu'on goûte en ces lieux. Point de bruit de vie n'arrive jusqu'aux oreilles ; jamais, depuis des siècles, une voiture n'est entrée dans la cour du château. La raison en est simple. Aucun chemin praticable ne saurait y mener. On ne connaît à six lieues à la ronde que des sentiers boueux dont un homme à cheval ou à pied peut seul se tirer. Aucun courrier n'y passe ; un journal est une chose inconnue dans le pays et je crois que j'oublierais qu'il s'y trouve des hommes si je n'entendais presque tous les jours la cloche du petit village sonner pour des enterrements, car vous savez qu'on meurt ici comme dans une ville. Une espèce de fièvre maligne afflige en ce moment les environs,

Scène de famille. De gauche à droite : Alexis, son père, son frère Édouard et sa mère. Anonyme.

et les paysans qui ne se soignent point meurent en assez grande quantité. Nous avons eu le malheur de perdre deux de nos fermiers depuis peu. Maintenant, dites-moi, qu'est-ce qui fait que je ne me déplais point dans un lieu si peu agréable ? En vérité, je l'ignore. Je crois que c'est tout simplement l'esprit de propriété. Ce lieu est pour moi plein de souvenirs. J'y vis dans un monde de chimères. Savez-vous que du haut de la tour j'aperçois le port où Guillaume s'est embarqué pour aller conquérir l'Angleterre ? Savez-vous que tous ces lieux portent des noms fameux dans notre histoire ou dans la vôtre ? Enfin pensez-vous qu'à l'horizon est le pays où vous êtes née, Marie, et vous étonnerez-vous après cela que ma solitude soit peuplée ?

Alexis

Cherbourg, le 2 août 1833

Mon voyage dans ce pays aura cependant été très utile pour moi. D'abord je me suis mis parfaitement au courant de mes affaires et j'ai prouvé, je crois, à tous les autres que j'y étais. Secondement j'ai fait des connaissances qui peuvent m'être utiles plus tard. Je me suis assuré que je trouverais moins de difficulté que je ne pensais à me faire connaître dans ce coin-ci. Notre famille y est très estimée et, avec la ligne d'opinions raisonnables dans laquelle vous savez que je suis, j'ai des chances de m'y fonder un jour une influence. C'est un avenir que je ne puis m'empêcher de caresser avec complaisance que celui d'une position honorable obtenue dans mon pays par des moyens honnêtes. Je ne puis vous dire, Marie, combien je me sens de courage pour marcher vers ce but élevé qui a toujours été celui de mes efforts. Pourquoi ne vous dirais-je pas le fond de ma pensée, à vous qui me connaissez si bien. Je ne sais en vérité quelle est l'étendue de mon intelligence et je serais tenté de la juger fort ordinaire. Mais je crois sentir au-dedans de moi une âme plus élevée que celle de la plupart des hommes. Ce qu'ils montrent si souvent en relief, je crois, moi, le sentir réellement au fond de mon cœur. Il me semble que quand je dis que j'aime mon pays, que j'abhorre la tyrannie quel que soit celui qui l'exerce, que j'aime la liberté dans tout ce qu'elle consacre de droits sacrés, il me semble que quand je dis cela je parle comme je sens, que j'exprime des sentiments qui font réellement vibrer jusqu'aux dernières fibres de mon cœur ; et quand j'ajoute que pour satisfaire ces passions élevées je serais prêt à exposer ma fortune et ma vie, je crois sentir encore que je ne dis que l'exacte vérité. Voilà ce que je pense de moi-même, je l'avoue. Est-ce une erreur ? Je serais bien malheureux de le croire. Mon ambition à moi, et je confesse que celle-là agite souvent mon sang, ce serait que mon pays me jugeât comme je me juge moi-même sur ce point. Je ne demande en vérité au monde ni de la puissance ni de l'argent, mais de l'estime. Je veux qu'il me croie conduit réellement par des motifs qui sont et qui seront toujours la règle de ma vie. Je crois ces motifs nobles et élevés, je voudrais que chacun me rendit la justice de les juger tels. Ne pas réussir sur ce point serait pour moi un chagrin profond ; y parvenir est le comble de mes désirs. Oh, Marie, ce qui met un sentiment comme le nôtre au-dessus de toutes les choses de ce monde à mes yeux, c'est de pouvoir vous dire de ces choses. C'est de trouver en vous une âme qui puisse m'entendre, un cœur dans lequel l'orgueil du mien peut tout verser. Ce qui vaut à lui seul pour moi tous les trésors de l'univers, c'est d'avoir rencontré un être au monde qui me connaisse assez bien pour interpréter mes moindres pensées, pour juger mes actions, malgré les apparences, et sur lequel je puisse compter pour me rendre justice alors même qu'il n'en existerait plus pour moi au monde…

Je ne demande en vérité au monde ni de la puissance ni de l'argent, mais de l'estime.

Alexis

En avril 1848, le vote au suffrage universel a lieu au chef-lieu de canton, journée mémorable qui nous est rapportée dans une page des *Souvenirs.*

La population m'avait toujours été bienveillante, mais je la retrouvai cette fois affectueuse, et jamais je ne fus entouré de plus de respect que depuis que l'égalité brutale était affichée sur tous les murs. Nous devions aller voter ensemble au bourg de Saint-Pierre, éloigné d'une lieue de notre village. Le matin de l'élection, tous les électeurs, c'est-à-dire toute la population mâle au-dessus de vingt ans, se réunirent devant l'église. Tous ces hommes se mirent à la file deux par deux, suivant l'ordre, alphabétique ; je voulus marcher au rang que m'assignait mon nom, car je savais que dans [les] pays et dans les temps démocratiques, il faut se faire mettre à la tête du peuple et ne pas s'y mettre soi-même. Au bout de la longue file venaient sur des chevaux de bât ou dans des charrettes, des infirmes ou des malades qui avaient voulu nous suivre ; nous ne laissions derrière nous que les enfants et les femmes ; nous étions en tout cent soixante-dix. Arrivés au haut de la colline qui domine Tocqueville, on s'arrêta un moment ; je sus qu'on désirait que je parlasse. Je grimpai donc sur le revers d'un fossé, on fit cercle autour de moi et je dis quelques mots que la circonstance m'inspira. Je rappelai à ces braves gens la gravité et l'importance de l'acte qu'ils allaient faire ; je leur recommandai de ne point se laisser accoster ni détourner par les gens, qui, à notre arrivée au bourg, pourraient chercher à les tromper ; mais de marcher sans se désunir et de rester ensemble, chacun à son rang, jusqu'à ce qu'on eût voté. « Que personne, dis-je, n'entre dans une maison pour prendre de la nourriture

Ce lieu est pour moi plein de souvenirs. J'y vis dans un monde de chimères. Savez-vous que du haut de la tour j'aperçois le port où Guillaume s'est embarqué pour aller conquérir l'Angleterre ?

ou pour se sécher (il pleuvait ce jour là) avant d'avoir accompli son devoir. » Ils crièrent qu'ainsi ils feraient et ainsi ils firent. Tous les votes furent donnés en même temps, et j'ai lieu de penser qu'ils le furent presque tous au même candidat.

Aussitôt après avoir voté moi-même, je leur dis adieu, et, montant en voiture, je partis pour Paris.

Alexis de TOCQUEVILLE
Souvenirs

La ville de Saint-Lô détruite.
Située dans la zone occupée dès l'été 1940, puis dans la zone du Débarquement au printemps 1944, la Manche paie un lourd tribut à l'envahisseur d'abord, aux libérateurs ensuite.

VALOGNES, SAINTE-MÈRE-ÉGLISE

LES MANCHOIS PENDANT LES ANNÉES SOMBRES 1939-1944,

par Michel BOIVIN

Située dans la zone occupée dès l'été 1940, puis dans la zone du Débarquement au printemps 1944, la Manche paie un lourd tribut à l'envahisseur d'abord, aux libérateurs ensuite. Entre le 17 juin 1940, date de l'arrivée des Allemands dans leur département et le 6 juin 1944, jour J, les Manchois sont pétainistes avant de devenir gaullistes. Parmi eux, les collaborationnistes et les résistants ont toujours été ultra minoritaires tandis que les notables sont presque tous restés en place.

DES MANCHOIS ABASOURDIS

Mobilisés à la hâte le 1er septembre 1939, dans des conditions psychologiques et matérielles difficiles, les 45 000 soldats manchois, représentant 10% de la population totale et près de 40% de la population active masculine, quittent pour la plupart leur département à partir du 3 septembre et se dirigent vers le Nord ou l'Est. La désorganisation socioéconomique en résultant est alors aggravée par les réquisitions pour l'armée et l'arrivée d'une première vague de réfugiés du Nord. La Défense passive a bien du mal à faire respecter ses instructions, en particulier celles concernant le camouflage des lumières. Il est vrai que des propos rassurants sont tenus très vite. Dans *L'Opinion de la Manche* datée du 14 octobre 1939, on peut lire : « Il est peu probable que les avions ennemis viennent survoler la région. Que nos populations ne s'inquiètent donc pas outre mesure. »

La défense du territoire manchois, d'abord assurée à l'automne 1939 par 5 000 soldats basés dans le Cotentin et le Saint-Lois, est finalement réduite au printemps 1940 à un millier d'hommes répartis sur plusieurs points d'appui installés le long d'une ligne des marais de Carentan à Denneville, mais aussi aux abords de Cherbourg. Ces militaires peu instruits, sous équipés, insuffisamment encadrés, ont reçu, au lendemain de l'offensive allemande du 10 mai 1940, le renfort de plusieurs milliers de gardes territoriaux, armés de fusils de chasse ou de gourdins et chargés de s'opposer à d'éventuelles infiltrations ennemies sur les arrières du front.

Pendant la campagne de mai-juin 1940, environ un millier de soldats manchois sont tués, quatre milliers blessés et vingt milliers faits prisonniers, la plupart en dehors du département. À la fin du printemps 1940, les Manchois, comme les Français, sont abasourdis. Ils ne comprennent pas ce qui leur arrive. Rares sont ceux qui refusent alors la défaite et l'abaissement. Une trentaine d'entre eux seulement, désireux de poursuivre le combat, embarquent à Granville, Chausey, Agon-Coutainville, Carteret, pour rejoindre le général de Gaulle à Londres et s'engager dans les FFL. Ce sont les premiers résistants manchois. Pour la grande majorité de leurs compatriotes, c'est le « lâche soulagement » avec l'armistice.

DES MANCHOIS PRUDENTS

Les Manchois accueillent favorablement le régime de Vichy. La majorité d'entre eux est pétainiste pendant

les premiers mois de l'Occupation. Les portraits du Maréchal sont en « bonne place ». La presse locale encense le nouveau régime et son chef avec la bénédiction de l'Église et l'adhésion des notables presque tous maintenus. Joseph Lecacheux, député de Valognes, est le seul des dix parlementaires manchois à avoir voté contre les pleins pouvoirs au maréchal Pétain le 10 juillet 1940.

D'après le préfet de la Manche, jusqu'au printemps 1941, dans leur immense majorité, « les Manchois rendent hommage aux services que le chef de l'État a rendus au pays depuis la défaite ». Mais, dès le mois de mai 1941, il signale que « les Manchois sont influencés par les propagandes étrangères qu'ils suivent régulièrement ». Et il ajoute : « Le trouble règne dans les esprits... Des malentendus regrettables peuvent s'ensuivre. » Le retour au pouvoir de Pierre Laval en avril 1942, l'instauration du travail obligatoire en septembre 1942, l'invasion de la zone libre en novembre 1942, le STO en février 1943 vont accroître le mécontentement vis-à-vis de Vichy et du chef de l'État dont la double image de « sauveur » et de « protecteur » pâlit sérieusement en milieu urbain et sur les côtes où les émissions de Radio Londres sont très suivies.

Tour à tour pétainistes (1940-1941), pétaino-gaullistes (1941-1943), puis gaullistes (1943-1944), les

Manchois, repliés derrière leurs haies, avant tout prudents et individualistes, redoutant les dénonciations et les arrestations, n'ont guère manifesté publiquement leur opinion avant la Libération.

DES MANCHOIS ANGOISSÉS

L'ordre allemand est particulièrement pesant dans un département où l'occupant a toujours été nombreux, en particulier dans le Cotentin. Une zone côtière interdite, mise en place en octobre 1941, complique les déplacements de la population. Les réquisitions ennemies tournent vite au pillage et perturbent les marchés ainsi que les conditions d'existence, malgré tout le savoir-faire des Manchois pour « mettre de côté ». Elles portent principalement sur les habitations, les productions agricoles et le matériel de transport.

En 1943, la situation alimentaire se détériore dans les villes et plusieurs bourgs du département. Le lait et les légumes se raréfient. Le beurre et les œufs sont introuvables en dehors du marché noir. Les fruits font totalement défaut hormis les pommes. La qualité du pain est de plus en plus médiocre, sauf dans les campagnes où la consommation de pain blanc reste courante.

Les Manchois ne se compromettent pas pour autant massivement avec l'ennemi. Les collaborateurs politiques sont peu nombreux parmi eux, quatre centaines au total, dont un tiers de membres du Parti populaire français. Plusieurs journaux font cependant preuve d'un collaborationnisme zélé, notamment *Cherbourg Éclair* et le *Courrier de la Manche* avec l'éditorialiste Mercedes Para.

La collaboration économique, plus active, porte surtout sur les produits alimentaires. Ajoutée au marché noir, elle permet l'enrichissement de paysans et de commerçants. Peu volontaires pour aller travailler en Allemagne, méfiants vis-à-vis de la Relève, de nombreux Manchois réussissent à échapper au travail obligatoire, les réfractaires étant plus nombreux que les requis à partir de l'été 1943. Quant à ceux qui sont affectés à la construction du Mur de l'Atlantique, ils font fréquemment preuve d'une remarquable inefficacité.

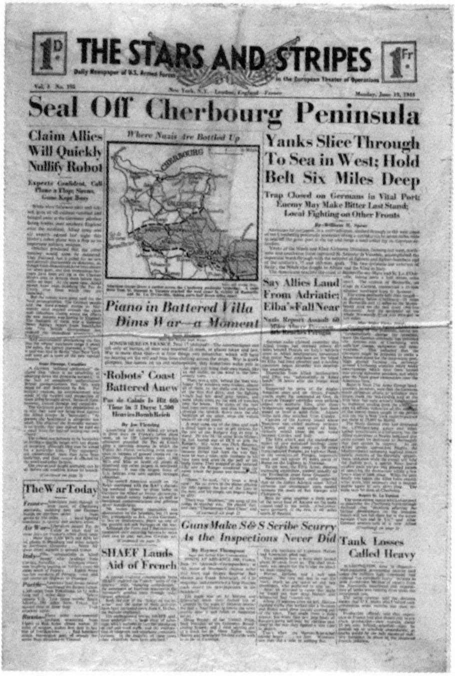
1D THE STARS AND STRIPES 1Fr

Seal Off Cherbourg Peninsula

Claim Allies Will Quickly Nullify Robot

Where Nazis Are Bottled Up

Yanks Slice Through To Sea in West; Hold Belt Six Miles Deep

Trap Closed on Germans in Vital Port; Enemy May Make Bitter Last Stand; Local Fighting on Other Fronts

Say Allies Land From Adriatic; Elba's Fall Near

Piano in Battered Villa Dims War—a Moment

'Robots' Coast Battered Anew

The War Today

Guns Make S&S Scribe Scurry As the Inspections Never Did

SHAEF Lauds Aid of French

Tank Losses Called Heavy

Les arrestations, les prises d'otages, les déplacements forcés de populations, dont celles de l'agglomération cherbourgeoise et de plusieurs sites côtiers sensibles, rendent l'occupation allemande encore plus angoissante.

Des Manchois résistants

Les résistants sont ultra minoritaires dans la Manche. À la veille du débarquement, ils sont moins de deux mille. D'abord isolés, ils deviennent très tôt actifs et efficaces. Dès 1940, ils facilitent l'évasion de soldats britanniques, transmettent à Londres des renseignements sur les installations et les déplacements de l'ennemi, sabotent les câbles téléphoniques allemands. Puis, organisés en réseaux et en mouvements à partir de 1941-1942, ils se lancent dans la propagande et le recrutement tout en privilégiant le renseignement et l'aide aux illégaux. Plusieurs dizaines d'entre eux sont arrêtés, internés, déportés voire fusillés.

De son côté, la population pratique à plusieurs reprises une résistance civile jugée par beaucoup moins dangereuse. Elle refuse d'assister aux concerts offerts par des troupes d'occupation. Elle siffle les actualités allemandes dans des salles de cinéma. Elle trace un peu partout des V de la victoire avec des croix de Lorraine montrant ainsi son attachement au général de Gaulle. Elle fête Jeanne d'Arc et le 14 juillet. Elle fleurit des tombes d'aviateurs alliés abattus.

DES MANCHOIS LIBÉRÉS MAIS SINISTRÉS

La bataille pour la libération de la Manche se déroule en quatre phases principales, entre le 6 juin 1944, jour du Débarquement des troupes américaines sur la plage d'Utah, et le 15 août 1944, jour du départ des dernières troupes allemandes. Elle dure donc pendant plus de deux mois.

Bien entendu, la Manche doit avant tout sa libération aux armées américaines. Mais celles-ci ont bénéficié d'une aide non négligeable de la part de la Résistance locale. Dans la nuit du 5 au 6 juin, les maquisards de Beaucoudray isolent la Feldkommandantur en sabotant les lignes téléphoniques desservant Saint-Lô. Le Jour J et les jours suivants, des FFI déplacent des poteaux indicateurs aux quatre coins du département, barrent des routes de campagne en abattant de gros arbres. Ils guident les Américains sur les routes secondaires voire les chemins creux en leur fournissant des renseignements sur les lignes

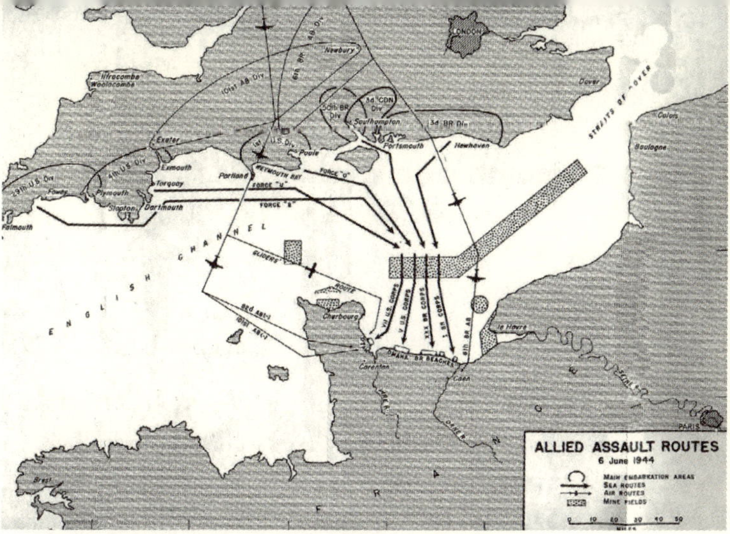

Itinéraires d'assaut des troupes alliées (6 juin 1944).

ennemies qu'ils traversent au péril de leur vie. C'est en particulier le cas des volontaires de la mission Helmsman qui permettent à l'état major américain de connaître le dispositif allemand dans la Manche du sud.

Les Manchois ont payé un lourd tribut pour leur libération. Environ 3 500 d'entre eux sont morts chez eux ou sur les routes de l'exode, sous les bombardements massifs et les mitraillages aveugles de l'aviation alliée, ou bien sous les tirs interminables des artilleries allemande et américaine. Saint-Lô est quasiment anéantie. Au total, 112 communes manchoises sont déclarées sinistrées. Coutances, Montebourg, Mortain et Valognes le sont à plus de 70% ; Périers, Picauville, Saint-Hilaire-du-Harcouët à 60% ; Avranches, Marigny, Sourdeval-la-Barre à 50%. Plusieurs dizaines de milliers de maisons, d'exploitations agricoles, d'entreprises commerciales et industrielles ont été entièrement ou partiellement détruites. ■

Le conflit armé de 1939-1944 dans la Manche a été une inépuisable source d'inspiration cinématographique, mais aussi littéraire. Nous vous présentons ci-après la vision d'un apiculteur manchois soumis aux feux du débarquement.

Mémoires d'un apiculteur de Valognes

Mardi 6 juin 1944

Nuit de cauchemar ! Dès minuit les bombardements s'intensifient, direction La Pernelle et surtout Saint-Marcouf (nous semble-t-il). Le ciel est littéralement embrasé au Sud-Est et à l'Est, des fusées descendent lentement, lentement, et d'une intensité telle qu'à 20 km de nous elles nous permettent de lire sans fatigue... Et puis, voilà d'innombrables chasseurs qui suivent les routes et mitraillent sans arrêt ! Sans aucun doute, c'est le débarquement... depuis deux ans annoncé... et auquel je n'ai jamais voulu croire !.. C'est tout au moins un commando d'importance !.. Les enfants eux-mêmes sont réveillés... mais grâce à notre présence calme, ils sont tranquilles. Et voici des bruits d'avions inaccoutumés : les moteurs paraissent tirer à bout de force, des grincements de chaînes et un bizarre sifflement se mêlent à leurs vrombissements haletants (nous saurons plus tard que ce bruit provient des avions de transport remorquant des planeurs). Et enfin dans la campagne, tout près de nous, des coups de fusils, de rapides et peu bruyants mitraillages, sans aucun doute des parachutistes !... Et la nuit s'écoule, lente, angoissante, interminable. L'aurore paraît, les bombardements diminuent d'intensité, mais le mitraillage augmente. Faut-il sortir ? ou respecter les consignes de combat, rester calfeutrés ? Les enfants se sont endormis malgré le bruit. [...]

Nous sortons de table : tour indispensable de jardin : un magnifique essaim entoure le poirier de « Figues d'Alençon »... J'alerte mes fils, et bientôt c'est la bande des 10, accompagnée par la Maman qui m'entoure et encourage mes tentatives de faire monter dans leur maison toute neuve mes dizaines de milliers d'ouvrières. Travail de paix...

Et tout d'un coup arrive, grossissant, un bourdonnement nullement comparable à celui de mes abeilles et à quelques 800 mètres d'altitude, 25 forteresses volantes, trimoteurs tout au moins, se dirigent sur nous... La D.C.A. du Quesnay, que nous n'avions pas entendue depuis plusieurs jours, ouvre le feu et le premier obus éclate en plein sur un des avions du centre qui est littéralement envoyé en miettes ; son voisin de gauche, atteint lui aussi, pique du nez, prend feu, et disparaît vers le Nord... Le reste de l'escadrille se rassemble, tourne... et laisse tomber une nuée de bombes vers Alleaume, me semble-t-il... Je n'ai eu que le temps de quitter mes abeilles, rassembler mes poussins, et pousser le tout sous l'escalier dans la maison : abri éphémère pour un coup en plein, abri suffisant pour les éclats, au reste, ils ne parviennent pas jusqu'à nous... et j'ai, grâce à ce fait, l'impression que tout est tombé *extra muros.* Je reprends mes fonctions d'apiculteur, mais les colonnes de fumée, de poussière plutôt, paraissent ; le bruit augmente ; mon devoir est d'aller, et je pars vers Alleaume.

Paul MANUELLE
Le Débarquement à Valognes en juin 1944

Stephen E. AMBROSE

« Suivez-moi ! »

L'historien américain Stephen E. Ambrose relate ici, archives et témoignages à l'appui, dans son roman, *Band of Brothers*, le quotidien de la compagnie E de la 101ᵉ division aéroportée de l'armée de terre américaine. En 2001, le livre a été adapté pour la télévision par Steven Spielberg et Tom Hanks.

Normandie, 6 juin 1944

Ils ont sauté alors que les avions volaient trop bas et trop vite. Ils étaient trop chargés et utilisaient une nouvelle technique qu'ils n'avaient pas eu le temps d'expérimenter. À la sortie de l'avion, leurs *leg bags* se sont détachés, sont tombés comme des pierres et ils ne les ont presque jamais retrouvés. Les rafales de vent les ballottaient de côté et d'autre. À cause du poids de leur paquetage et de la vitesse excessive des C-47, la secousse provoquée par l'ouverture de leur parachute a été plus violente que tout ce qu'ils avaient connu jusque-là. Ayant sauté de 170m d'altitude, parfois moins, ils ont atterri quelques secondes seulement après l'ouverture de leur parachute, et l'atterrissage a été rude. Résultat : ils ont été couverts de bleus pendant au moins une semaine. [...]

« Rien ne se passait comme à l'entraînement et brusquement il y a eu une secousse terrible quand mon parachute s'est ouvert » m'a expliqué Burt Christenson. Son *leg bag* s'est détaché, et il l'a perdu de vue. Il pouvait entendre la cloche de Sainte-Mère-Église, et apercevoir un feu qui brûlait dans ce même village. « Une mitrailleuse m'a pris pour cible. J'ai tiré de toutes mes

Vue d'ensemble des opérations de débarquement dans le secteur américain.

forces sur les suspentes. Nom de Dieu ! Je me dirigeais tout droit vers une rangée d'arbres. Je descendais trop vite. » Il a dû lever les jambes pour éviter les branches les plus hautes. « J'ai été pris de panique. À une vingtaine de mètres au-dessous de moi, et à moins de 10 m sur ma gauche, une batterie de quatre pièces antiaériennes de 20 mm tirait sur un C-47 qui nous survolait. » Heureusement pour Christenson, les artilleurs allemands lui tournaient le dos, et le vacarme les a empêchés de l'entendre atterrir à moins de 40 m d'eux.

Christenson a coupé au couteau les sangles de son harnais pour se débarrasser au plus vite de son parachute. Il a dégainé son six-coups et s'est accroupi au pied d'un pommier. Il est demeuré immobile un moment, bougeant seulement les yeux. « Soudain, quelque chose a remué à une dizaine de mètres de moi, et j'ai aperçu la silhouette d'un homme casqué se déplaçant à quatre pattes. J'ai sorti mon "grillon" et j'ai appuyé une fois sur la lamelle, "clic-clac". Pas de réponse. La silhouette avançait dans ma direction. »

Christenson a braqué son revolver sur l'inconnu et appuyé à nouveau sur la lamelle de son "grillon", "clic-clac".

L'homme a levé les mains. « Pour l'amour de Dieu, ne tire pas ! » Il s'agissait du soldat Woodrow Robbins, qui devait aider Christenson à servir une des mitrailleuses.

– Bougre d'imbécile ! a grondé à voix basse Christenson. Tu es complètement dingue ! Pourquoi tu ne t'es pas servi de ton “grillon” ?

– J'ai perdu la lamelle souple.

Le taux d'adrénaline de Christenson a baissé lentement. [...]

Quand le sous-lieutenant Welsh a sauté, l'avion se trouvait « au maximum » à 90 m d'altitude. Au moment où il s'est jeté dans le vide, un autre C-47 s'est écrasé juste au-dessous de lui. Le souffle de l'explosion l'a projeté vers le haut et sur le côté, lui sauvant la vie. Son parachute a eu tout juste le temps de ralentir suffisamment sa chute pour que le choc de l'atterrissage, bien que très douloureux, ne soit pas fatal. La plupart des hommes de la compagnie E ont connu une expérience similaire. Très peu d'entre eux sont restés dans les airs suffisamment longtemps pour avoir la possibilité de s'orienter avec précision. Ils ont seulement pu déterminer où se trouvait la côte en se basant sur la direction de vol des avions.

Ils ont atterri très loin les uns des autres. Ils avaient espéré que la zone de largage, centrée sur Sainte-Marie-du-Mont, serait la plus restreinte possible afin de pouvoir se regrouper rapidement, mais la décision des pilotes de rompre la formation en entrant dans le banc de nuages avait brouillé tous leurs plans, les éparpillant de Carentan, au sud, à Ravenoville, au nord, soit une distance de 18 km à vol d'oiseau. [...]

Le soldat Tom Burgess a atterri près de Sainte-Mère-Église. [...] Après avoir coupé au couteau le harnais de son parachute, Burgess s'est servi de son "grillon" en réponse au "clic-clac" d'un lieutenant qu'il ne connaissait pas. Ensemble, ils ont pris la direction de la plage en suivant les haies. D'autres soldats les ont rejoints. [...]

Choisi comme éclaireur de tête par le lieutenant, Burgess s'est retrouvé, au point du jour, à l'intersection de deux haies. Dissimulé derrière l'une d'elles, un soldat allemand s'est dressé brusquement dans le dos de Burgess et a tiré sur lui. La balle a traversé la joue droite, fracturé l'os malaire et démantibulé l'articulation temporo-mandibulaire avant de ressortir par l'arrière du cou. Du sang giclant de sa joue, de son cou et de son oreille, Burgess suffoquait.

« Je voulais vivre, se souviendra-t-il quarante-cinq ans plus tard. On nous avait inculqué que la meilleure chose à faire en cas de blessure, c'était de ne pas paniquer. »

Il s'est donc efforcé de rester calme. Ses compagnons l'ont pansé de leur mieux et emmené jusqu'à une grange proche. Une fois-là, il s'est écroulé dans le foin et évanoui.

« La nuit suivante, un paysan français est entré dans la grange, s'est assis à côté de moi et m'a pris la main. Il l'a même embrassée. » Il avait apporté une bouteille de vin. Au matin du 7 juin, il est allé chercher deux infirmiers et leur a prêté une charrette attelée d'un cheval avec laquelle ils ont pu transporter le blessé jusqu'à la plage. Évacué vers l'Angleterre puis vers les États-Unis, Burgess a débarqué à Boston la veille de Noël 1944. Longtemps réduit à ne consommer que des aliments liquides, il a pu à nouveau mâcher pour la première fois en mars 1945, soit neuf mois après le dernier repas pris à Uppottery, le 5 juin 1944, la veille du jour J.

Stephen E. AMBROSE
Frères d'armes

Keith Douglas, né en Angleterre en 1920, fut tué dans le débarquement de Normandie en 1944. Il fut l'élève, à l'université d'Oxford, d'Edmund Blunden, le plus grand poète de la Grande Guerre. Il est unanimement considéré comme le poète le plus subtil de la Seconde Guerre mondiale.

Simplify Me When I'm Dead

Remember me when I am dead
and simplify me when I'm dead.

As the processes of earth
strip off the colour of the skin :
take the brown hair and blue eye

and leave me simpler than at birth,
when hairless I came howling in
as the moon entered the cold sky.

Of my skeleton perhaps,
so stripped, a learned man will say,
"He was of such a type and intelligence", no more.

Thus when in a year collapse
particular memories, you may
deduce, from the long pain I bore

the opinions I held, who was my foe
and what I left, even my appearance
but incidents will be no guide.

Time's wrong-way telescope will show
a minute man ten years hence
and by distance simplified.

Through that lens see if I seem
substance or nothing : of the world
deserving mention or charitable oblivion,

not by momentary spleen
or love into decision hurled,
leisurely arrive at an opinion.

Remember me when I am dead
and simplify me when I'm dead. [...]

Keith DOUGLAS

Traduction

Souvenez-vous de moi
quand je serai mort.
Simplifiez-moi quand je serai mort.

Simplifiez-moi comme la terre
qui décompose la couleur de ma peau,
Qui ôte mes cheveux marrons,
mes yeux bleus,
Qui m'abandonne plus nu
qu'à ma naissance,
Quand, glabre et pleurant,
je surgissais sous une lune
montant dans la nuit froide.

De mon squelette décharné,
peut-être qu'un homme instruit dira :
« Il était d'un certain type,
d'un certain esprit », mais pas plus.

Ainsi, dans un an, tout souvenir
précis se sera estompé
et vous pourrez déduire,
par la souffrance que j'ai portée
les opinions que j'ai défendues,
qui était mon ennemi,
ce que j'ai laissé,
et même mon apparence,
mais les évènements
ne vous serviront à rien.

D'ici dix ans le temps
comme une lunette à l'envers
révélera un homme simplifié par
l'éloignement, diminué, minuscule.

Dans ce prisme vous verrez
si je suis encore substance
Ou rien, si je mérite une mention
ou votre oubli bienveillant.

Mais ne dites rien dans un
mouvement de mauvaise humeur.
Et ne vous pressez pas
par amour de prendre une décision.
Faites-vous une opinion
à votre loisir.

Souvenez-vous de moi
quand je serai mort.
Simplifiez-moi quand je serai mort.

Lieux d'inspiration des écrivains de la Manche

AVRANCHES
Bibliothèque du fonds ancien
Hôtel de ville
Tél. : 02 33 89 29 50

◆ La ville a recueilli à la Révolution française, tous les livres provenant de l'abbaye du Mont-Saint-Michel dont une bibliothèque médiévale de deux cents manuscrits sur parchemin. On peut y admirer les textes fondateurs du Mont-Saint-Michel, l'art de la calligraphie et de l'initiale ornée.

BARFLEUR

◆ Le 4 juillet 1836, Victor Hugo y passe la nuit en compagnie de Juliette, sa maîtresse, et du peintre Nanteuil. Alors qu'ils s'apprêtent à faire une promenade en mer au clair de lune, ils sont empêchés par le maire du village qui trouve l'idée saugrenue. Hugo se plaint de ce mauvais accueil auprès du sous-préfet et l'événement fait bientôt les beaux titres de la presse.
« Je ne réponds pas qu'à 9 h du soir, au moment de partir sur le port même, vous ne trouverez point en travers de votre fantaisie Jocrisse maire de village... et son gendarme au poing, en présence d'une trentaine de pauvres serfs abrutis qu'il appelle ses administrés vous interdire quoi ? le droit d'aller vous promener. Je déclare que j'ai trouvé un endroit de ce genre en Normandie, que cet endroit s'appelle Barfleur... » Victor HUGO

CANISY
17, rue Jean-Follain

◆ Jean Follain
Est né à Canisy chez sa grand-mère Heussebrot. Il y passait toutes les vacances scolaires. Il y est enterré avec ses beaux-parents. Sa femme, Madeleine Denis, le rejoint en 1996.

CARENTAN
◆ Au 7, rue de l'église se trouve l'hôtel de Dey, hôtel particulier dans lequel Balzac séjourna en 1836, le temps de l'écriture d'une de ses nouvelles, *Le Réquisitionnaire*. Une plaque commémorative fait état de son passage.

CARTERET
◆ Jules Barbey d'Aurevilly.
Le manoir de Carteret est une robuste construction du XVIIIe siècle, près du port de plaisance. Cet ancien manoir seigneurial est célèbre pour avoir servi de lieu de villégiature à Jules Barbey d'Aurevilly qui en a fait « le nid d'Alcyon », cadre romanesque de son roman, *Une vieille maîtresse*. Propriété privée.

CERISY

◆ Édifié aux XVIIe et XVIIIe siècles, le château de Cerisy-la-Salle est classé monument historique.
Visites guidées organisées les jeudis après-midi de juillet et d'août. Tél. : 02 33 46 91 66. www.ccic-cerisy.asso.fr.

CHERBOURG

Parc et serres Emmanuel Liais
Rue E. Liais.
Tél. : 02 33 53 12 31

◆ Ancien jardin d'Emmanuel Liais, astronome local féru de botanique, ce parc contient une bibliothèque des sciences ainsi qu'un musée d'ethnographie. Remy de Gourmont y trouva l'inspiration. Dans *Un cœur virginal* (1907), il en fait l'un des décors de la passion des deux protagonistes, Rose et M. Hervart.

COUTANCES

◆ Remy de Gourmont
10, rue Quesnel Morinière
L'auteur résida chez sa soeur, à l'hôtel de Gourmont qui donne sur le Jardin des Plantes.

◆ Musée Quesnel-Morinière
2, rue Quesnel-Morinière
Tél. : 02 33 45 11 92
Ouvert depuis 1874 dans un bel hôtel particulier, le musée expose à côté de Rubens et Joseph Vernet, les œuvres d'artistes régionaux. Les artisans et fondateurs du « Pou qui grimpe », Joseph Quesnel, René Jouenne et Jean Thézeloup, y sont représentés à travers nombre de leurs œuvres et divers documents illustrant ce mouvement artistique countançais du début du siècle dernier.

GRANVILLE

Musée d'art moderne R. Anacréon
Place de l'Isthme
Tél. : 02 33 51 02 94
◆ Le Granvillais Richard Anacréon (1907-1992), libraire, bibliophile et amateur d'art, a légué à sa ville natale une importante collection d'œuvres picturales et de livres rares à découvrir : ouvrages, documents et manuscrits de ses amis Colette, Jean Cocteau, Cendrars, Valéry, Claudel...

GRÉVILLE-HAGUE

Maison natale
de Jean-François Millet
Tél. : 02 33 01 81 91
◆ C'est dans cette maison à l'architecture et au mobilier traditionnels que le grand peintre du monde rural, Jean-François Millet, a vu le jour en 1814. Sur la place du village, une statue en son honneur a été

élevée. Inaugurée en 1898, elle est l'œuvre du sculpteur cherbourgeois, Marcel Jacques.

« Mon village se trouve dans un petit pli de terrain aboutissant à la mer, vis-à-vis du nord. Cette espèce de petit vallon, si peu creux qu'il soit, l'est suffisamment pour empêcher un passant étranger de soupçonner qu'il y a un village... Ce lieu est si solitaire et tranquille que le cri d'une oie ou le caquet d'une poule, y prennent une importance immense ».

MESNIL-AU-VAL

◆ Du manoir où Gilles de Gouberville habitait, ne subsiste aujourd'hui qu'une tour du début du XVIe siècle. Classée monument historique en 1987, la tour dite de « Barville », se visite lors des journées du patrimoine. Gilles de Gouberville est enterré dans l'église du village.

LANDEMER

◆ « Landemer, ça s'appelait. Dix-sept habitants. On avait des petites baraques là-bas... Un chouette merveilleux pays. » Boris VIAN, *Journal intime*, 1953.
Boris Vian, natif de Ville-d'Avray, venait régulièrement y passer ses vacances dans les années 1920-1930. Ce petit village normand a notamment servi de décor à son roman *L'Arrache-cœur* (1953). Ses grands-parents maternels y possédaient trois chalets, détruits pendant la guerre. Lors de ses séjours postérieurs, Boris Vian séjournera à l'Hôtel de la mer à Goury, dont on peut voir encore aujourd'hui la façade.

OMONVILLE-LA-PETITE

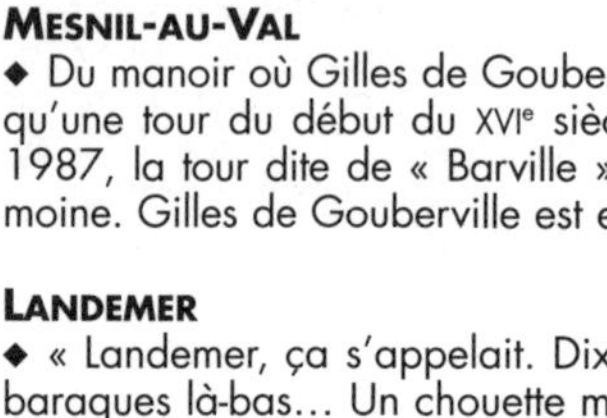

Maison de Jacques Prévert
Visite sur réservation
Tél. : 02 33 52 72 38

◆ Jacques Prévert y vécut de 1970 jusqu'à sa mort en 1977. Nichée dans un jardin fleuri, la maison présente des expositions temporaires et on peut y visiter l'atelier du poète conservé en l'état, ainsi que sa bibliothèque.
Le poète est enterré dans le jardin de l'église, auprès de sa femme, de sa fille et de son ami Trauner.

SAINT-DENIS-LE-GAST

◆ Charles de Saint-Évremond y est né aux alentours de 1613. Une statue a été érigée à sa mémoire sur la place qui porte son nom.

SAINT-GERMAIN-DES-VAUX

◆ Gérard Fusberti y a créé un jardin en hommage à J. Prévert.
Ouvert tous les jours de Pâques au 1er octobre, de 14 h à 19 h. Sauf le vendredi.

SAINT-LÔ

◆ Jean Follain.
Il habita rue de la Marne, face à la salle des ventes, de 1905, (Jean Follain avait deux ans) à 1917. Cette maison n'existe plus.
A cette date, ses parents achetèrent la maison située 100, route de Tessy, (notre photo), anciennement rue Bechevel et y habitèrent jusqu'à leur mort. Une plaque fut inaugurée en septembre 2005 par le maire de Saint-Lô.
Ne se visite pas.

◆ Musée des Beaux-Arts et d'Histoire
Centre culturel Jean Lurçat –
Place du Champ-de-Mars
Tél. : 02 33 72 52 55
Outre son ensemble de tapisseries du XVIe au XXe siècle, dont la pièce maîtresse est la *Tenture des amours* de Gombault et Macée (Bruges, XVIe), le musée conserve plusieurs œuvres – peintures, miniatures, bijoux, tabatières – qui composaient la collection d'Octave Feuillet. On peut y voir *La Mort de Sapho* (1871-1872), tableau que le symboliste Gustave Moreau avait offert à l'écrivain collectionneur. Le musée possède également un fonds Jean Follain qui regroupe manuscrits, photos et dessins du poète de Canisy.

SAINT-SAUVEUR-LE-VICOMTE

◆ Musée Barbey d'Aurevilly
64, rue Bottin Desylles
Tél. : 02 33 41 65 18

Situé dans la maison familiale de l'écrivain où il vécut principalement jusqu'à l'âge de dix-huit ans, le musée présente une collection de manuscrits, de lettres, ainsi que des portraits et souvenirs. On peut également voir une plaque commémorative à l'emplacement de la maison natale de l'écrivain, place Ernest Legrand, ainsi que son tombeau, au cimetière du Vieux-Château. Un buste sculpté par Rodin dresse devant le château la figure altière du « Connétable des lettres ».

TOCQUEVILLE

◆ Le château où Alexis de Tocqueville vécut enfant est toujours là. Construit au XVIe siècle, transformé au XVIIIe, il deviendra la propriété d'Alexis en janvier 1836, à la suite du décès de sa mère. C'est ici qu'il écrira la deuxième partie de *La Démocratie en Amérique* et qu'il rédigera en 1856, *L'Ancien Régime et la Révolution*.
Propriété privée.

Le château a accueilli les membres de la Tocqueville Society à l'occasion du bicentenaire de la naissance de l'écrivain en 2005, en présence des descendants de l'auteur.
Alexis de Tocqueville repose près de l'église du village. Sur la place, un buste a été élevé à sa mémoire.

TOURLAVILLE

Château et parc des Ravalet
Tél. : 02 33 22 01 35

◆ Construit entre 1562 et 1575, ce joyau de la Renaissance fut d'abord la propriété du seigneur de Tourlaville, Jean II de Ravalet puis celle de son neveu, Jean III, connu pour les amours interdites de ses enfants : Julien et Marguerite. Le château vit ainsi naître la relation passionnée de ces frère et sœur décapités pour inceste en décembre 1603, en place de Grève à Paris. Barbey d'Aurevilly s'émut de cette passion hors norme et en tira, en 1886, un récit magnifique, *Une page d'histoire*. En 1777, le château échoit à Hervé-Louis Clérel de Tocqueville, père d'Alexis de Tocqueville.
Le château se visite en juillet et en août et son parc est ouvert toute l'année.

VALOGNES
31, rue de l'Église
◆ Jules Barbey d'Aurevilly
C'est le second pôle affectif de Barbey d'Aurevilly, qui séjourna dans son enfance, dans le bel hôtel particulier de son oncle, Pontas du Méril, alors maire du village.

32, rue des Religieuses
Il loua à partir de 1872 et jusqu'à la fin de sa vie, un appartement permanent au cœur du « Versailles normand », dans l'hôtel de Grandval-Caligny. Propriété privée. (voir photo)

■

L'association Pages et paysages propose toute l'année des balades littéraires pour découvrir le département par les textes. Tél. 02 31 79 92 73

Table des biographes

Arlette ALBERT-BIROT enseigne la poésie moderne et contemporaine à l'École normale supérieure. Auteur de nombreux articles consacrés aux poètes contemporains, elle est aussi éditeur de l'œuvre de Pierre Albert-Birot. Elle préside, depuis sa fondation en 1982, l'Association CIRCE, et est l'organisatrice du Marché de la poésie.

Emmanuelle AMSELLEM, attachée de conservation du patrimoine, est responsable de l'Espace Senghor à Verson. De 1998 à 2002, elle a coordonné le projet de valorisation du « Pou qui grimpe ».

Jean-Louis BENOÎT, professeur agrégé, docteur ès lettres, a consacré l'essentiel de ses recherches à l'œuvre d'Alexis de Tocqueville. Il a publié articles et livres (dont la *Correspondance familiale*, Gallimard) et organisé des colloques consacrés à l'auteur de *La Démocratie en Amérique.*

Michel BOIVIN est professeur d'histoire contemporaine à l'université de Caen et chroniqueur politique à *La Manche libre, Radio Manche* et *Normandie Magazine.*

Catherine BOUGY, maître de conférence en histoire de la langue française et dialectologie à l'université de Caen, consacre ses recherches aux ouvrages écrits en Normandie par des auteurs normands, du Moyen Âge à nos jours.

David COCKSEY est spécialiste de Barbey d'Aurevilly, à qui il a consacré sa thèse de doctorat, plusieurs articles ainsi qu'un site Internet. Enseignant-chercheur au centre universitaire Jean-François Champollion d'Albi, il prépare actuellement une édition électronique des écrits journalistiques et romanesques de Barbey.

François DAVID est le fondateur des éditions Møtus. Il a publié une soixantaine d'ouvrages dans des genres divers. Plusieurs de ses textes ont été adaptés pour la scène.

Henry DECAËNS, historien et juriste, est conférencier du Centre des monuments nationaux au Mont-Saint-Michel depuis quarante ans. Il est l'auteur de plusieurs livres et articles sur le patrimoine monumental de la Normandie.

Madeleine FOISIL, chercheur au CNRS, est spécialiste de la fin du XVIe siècle et de la première moitié du XVIIe siècle. Elle est l'auteur d'ouvrages sur la Normandie (*La Révolte des Nu-Pieds et les révoltes normandes de 1639 ; Le Sire de Gouberville : un gentillhomme normand au XVIe siècle*).

Gérard FUSBERTI est antiquaire. Ami intime de Jacques Prévert et de sa famille pendant plus de vingt ans, il a créé les Jardins Prévert à Saint-Germain-des-Vaux en hommage au poète.

Thierry GILLYBŒUF est membre fondateur et président de l'Association des amis de Remy de Gourmont. Rédacteur de la *Nouvelle Imprimerie Gourmontienne*, il a dirigé le *Cahier de l'Herne* Remy de Gourmont. Il est traducteur et biographe de l'écrivain.

Roger-Jean LEBARBENCHON, ex-inspecteur d'académie de la Manche, maire d'Azeville et président du prix littéraire du Cotentin, est l'auteur d'une anthologie guernesiaise, jersiaise et cotentine, *Des Filles, une sorcière, Dame Toumasse et quelques autres* (1980), d'*Américains et Normands dans la bataille, 1944* (1993) et d'ouvrages consacrés à la Normandie.

Fabien LEFEBVRE est né dans la Manche en 1950. Sculpteur depuis 1973 après des études « avortées dans l'œuf », il affectionne particulièrement les assemblages. Se dirige lentement vers l'écriture, faute de place. Il a fondé en mars 1977 *La Limande*, billet granvillais mensuel d'humeur.

Emmanuel POLLAUD-DULIAN, après diverses aventures plus ou moins littéraires dans la librairie, l'édition, le cinéma, le théâtre et la bande dessinée, se consacre à quelques gentilshommes de fortune de la littérature comme Fleuret, Cravan, Corvo, Bofa, Rigaut ou Sachs, qu'il défend dans la presse ou sur Internet (voir les sites excentriques.com et gusbofa.com).

Jacques RÉDA poète, écrivain, a été rédacteur en chef de la NRF de 1987 à 1995. Il a publié une trentaine d'ouvrages – dont une vingtaine aux éditions Gallimard –, notamment un recueil sur les poètes contemporains, *La Sauvette*, aux éditions Verdier, avec un chapitre sur Jean Follain, ainsi que *Le Livre des Reconnaissances*, aux éditons Fata Morgana.

François SIMON, grand reporter à *Ouest-France*, a été un lycéen rêveur et turbulent à Cherbourg. Il a publié *Dans le journal, c'était vous* aux éditions Ouest-France (2003) et *Petites Coupures de presse* aux éditions de La Part commune (2004).

Claire VAUDEVIRE est titulaire d'un diplôme de recherche de l'École du Louvre depuis 1986. Elle a publié des articles dans des revues telles que la *Revue du Louvre* ou *Art de Basse-Normandie* et fut commissaire de l'exposition « Les réserves s'exposent » au musée des Beaux-Arts de Saint-Lô en 2001.

Références et crédits textes

Stephen E. AMBROSE (1936-2002). *Frères d'armes.* © Albin Michel, 2002 pour la traduction française.

Jules BARBEY D'AUREVILLY (1808-1889), *L'Ensorcelée*, Gallimard, coll. « Folio », 1977.

Michel BESNIER (né en 1945), *Le Bateau de mariage*, © Le Seuil, 1988.

Louis COSTEL (1930-2002), *Hier, mon pays.* Avec l'aimable autorisation de Charles Costel.

Didier DECOIN (né en 1945), *Les Trois Vies de Babe Ozouf*, Paris, © Le Seuil, 1983, coll. *Points*, 2001.

Jacques DERRIDA (1930-2004), conférence donnée lors du colloque S.I.E.C.L.E. organisé pour le centenaire de Cerisy. Avec l'aimable autorisation d'Edith Heurgon.

Keith DOUGLAS (1920-1944), © Alexandrines pour la traduction.

Octave FEUILLET (1821-1890), *Monsieur de Camors*, Paris, Calmann-Lévy, 1878.

Valérie FEUILLET (1832-1906), *Quelques Années de ma vie*, Paris, Calmann-Lévy, 1894.

Fernand FLEURET (1884-1945), *La Boîte à perruque*, Paris, © Mercure de France, 1937.

Jean FOLLAIN (1903-1971), *Canisy*, Paris, © Gallimard, 1942 et 1986.

Gilles DE GOUBERVILLE (1521-1578), *Le Journal du Sire de Gouberville*, Bricqueboscq, Éditions des Champs, 1993. Transcription © Alexandrines.

Remy DE GOURMONT (1858-1915), *Le Songe d'une femme*, Ubacs, 1988.

Loïc HERRY (1858-1995), *Ouest*, © Écrits des Forges, 2003.

Alain HERVÉ (né en 1932), *La Proximité folle du paradis*, Arles, © Actes Sud, 1991.

Victor HUGO (1802-1885), *Correspondance*, Paris, Laffont, coll. « Bouquins », 1988.

Paul MANUELLE, *Le Débarquement à Valognes en juin 1944.* Archives du Mémorial de Caen.

Gilles PERRAULT (né en 1931), *Les Gens d'ici*, Paris, © Ramsay, coll. « Poche », 1981.

Bertrand POIROT-DELPECH (né en 1929), *Le Golfe de Gascogne*, Paris, © Éditions Gallimard, 1989.

Jean-Bernard POUY (né en 1946), *Les grues se cassent pour mourir*, Granville, © Les visiteurs du noir, 2005.

Jacques PRÉVERT (1900-1977), « Le gardien du phare aime trop les oiseaux », *Histoires et d'autres histoires*, © Gallimard, coll. « Folio », 1963.

Joseph QUESNEL (1897-1931), *Tirelire*, Éditions J. Susse, 1945.

Alfred ROSSEL (1841-1926), « Les goublins », *Œuvres complètes* (1913), Valognes, Le Lanchon, 1999.

Alexis SALATKO (né en 1958), *Rêves d'escales… escales de rêve*, Cherbourg, © Isoète, 1988.

Alexis DE TOCQUEVILLE (1805-1859), *Correspondance familiale*, Paris, Gallimard, 1998.

Roger VERCEL (1894-1957), *Sous le pied de l'Archange*, © Albin Michel (1937), 1996.

Crédits photographiques

P. 9, 12, 82, 85, 98 (Photo Bénédicte X), 126, 144, 161, 165, 166, 167, 168, 170, 182, 185, 193 (*O.C. d'Alfred Rossel,* Caen, Valin, 1913), 212, 228, 243, 253, 254, 255, 256b. Coll. particulières.

P. 15, 19, 34, 38, 40, 50, 59, 61, 102, 110, 125 (cliché J. de Gourmont), 129, 135, 141, 148, 156, 179, 190, 195, 215, 222, 233. Coll. Archives. dép. de la Manche.

P. 22. Maurice Denis, P*ortrait de J. Follain.* Huile sur carton, 1942. © Adagp, Paris 2005. Coll. musée des Beaux-Arts de Saint-Lô. Photo Pierre-Yves Le Meur.

P. 25. Coll. musée des Beaux-Arts de Saint-Lô. Photo Archives dép. de la Manche.

P. 31. Coll. IMEC, fonds Jean Follain. Photo archives dép. de la Manche.

P. 33. *J. Follain* par Madeleine Dinès. Avec l'aimable autorisation de la famille.

P. 37. *Bonbonnière de l'Impératrice* par Mellerio, p. 45, p. 46 (*V. Feuillet* par Jules Machard), p. 49. Musée des Beaux-Arts de Saint-Lô. Photos Pierre-Yves Le Meur.

P. 55. © Office de tourisme Mont-Saint-Michel. www.ot-montsaintmichel.com

P. 57. Photo bibliothèque municipale d'Avranches.

P. 64. Tous droits réservés.

P. 67, 71, 89 (Gravure de Lebreton). Coll. musée du Vieux-Granville.

P. 74. Photo Jean-Luc Fauvel.

P. 79. Photo Jacques Sassier /© Éditions Gallimard.

P. 92. Cliché P. Corbierre, Inventaire général de Basse-Normandie. Photo Archives dép. de la Manche. Avec l'autorisation du centre culturel de Cerisy-la-Salle.

P. 95 et 101 © Archives de Pontigny-Cerisy.

P. 106. Coll. de la médiathèque de Coutances.

P. 116. *R. de Gourmont* par J. Quesnel. Musée Quesnel-Morinière de Coutances.

P. 138. *Jules Barbey d'Aurevilly* par Paul Justus, 1845. Coll. musée Barbey d'Aurevilly, Saint-Sauveur-le-Vicomte. Cliché Michel Pinel.

P. 152. © Photo Benjamin Decoin.

P. 162. Alexandre Trauner, *Jacques Prévert.* © Adagp, Paris 2005.

P. 172 et 177. © Patrick Hébert-Ville de Cherbourg.

P. 200, 203 (Gravure extraite de *De re metallica* de Georg Agricola, 1561, Coll. bibl. J. Prévert de Cherbourg), 206 (Reproduction de cliché réalisé en 1937 par le Dr Moissy de Valognes. P. 25, mars 1553, détail), 209 (*La Vie aux champs,* fac-similé d'une gravure sur bois de l'édition de *Virgile,* in-folio, Lyon, 1517. Coll. bibl. J. Prévert de Cherbourg). Photos A. Bonnet.

P. 217. © Ville Cherbourg-Octeville.

P. 227 et 235. Photos MNC, avec l'aimable autorisation de Guy d'Hérouville.

P. 231. *Scène de famille.* Cliché Archives dép. de la Manche. Collection particulière. Avec l'aimable autorisation de Guy d'Hérouville.

P. 236 et 247. © Conseil régional de Basse-Normandie/National Archives U.S.A.

P. 239. Photo OTC de Sainte-Mère-Église.

P. 241. *Stars and Stripes.* © Archives du Mémorial de Caen.

P. 252. Photo D. Lemonnier-Office de Tourisme de Barfleur.

P. 256a. Photo Maison du tourisme de Cherbourg-Cotentin.

Remerciements

Nous remercions pour leur aide
et leur collaboration à cet ouvrage :

Guy Allix, Annie Berthomieu, Pierre Boissel, Anne Bonnet, Christian Buat,
Michèle Chartrain, Isabelle Chollet, Nathalie Colleville,
Gilles Désiré-Dit-Gosset et son équipe, Yves Dodeman, Nelly Herry,
Pierre Leberruyer, Franck Liébard, Françoise Loret, M. et Madame Margand,
Pascale Navet, Robert Olorenshaw, Claire Paulhan, Catherine Peyrou,
Jocelyn Peyry, Patrick Sonnet, Nane Trauner,
Claire Vaillant et son équipe, Madame Vhouyvet.

www.alexandrines.fr

Achevé d'imprimer en mars 2006
sur les presses de la Nouvelle Imprimerie Laballery
58500 Clamecy
Dépôt légal : mars 2006
N° d'impression : 602013
ISBN 2-912319-34-X

Imprimé en France